머리말

교실 안팎으로 어휘 문맹의 위기가 닥쳐왔다

몇 년 전 한 방송 프로그램에서 수업 중인 교실 풍경을 본 적이 있습니다.
선생님의 설명에 귀를 기울이는 아이들의 모습. 그러나 잠시 후,

"희미한 기적 소리를 내고 있어요."
"시 한 편을 쓴 후 먼저 가제를 지어 봅시다."

아이들은 선생님이 하시는 말씀 중 '기적'과 '가제'라는 어휘의 뜻을 전혀 몰랐습니다. 고개만 갸우뚱거리고 있습니다. 전체 아이들의 절반 이상이 모르는 분위기입니다.

요즘 학생들에게 어휘 문맹의 위기가 닥쳤다고 합니다. 선생님들은 학생들이 어휘를 몰라 수업 진행이 어렵다고 말합니다. 이런 어휘 문맹은 비단 교실 안에서만 있는 일은 아닙니다. 교실 밖에서도 아이들의 어휘력은 심각했습니다. '금일 휴업'을 보고 '금요일에 휴업을 한다'고 이해하고, '고지식하다'는 '지식이 아주 높다'라는 뜻으로 알고 있었습니다.

이제는 한자의 힘을 길러 어휘를 정복해야 할 때

아이들이 잘 모르는 어휘들을 살펴보면 대부분 '한자'로 이루어진 어휘입니다. 한자어는 우리가 사용하는 어휘의 70%를 차지하고 학습 개념어의 80% 이상을 차지하는데 그 뜻을 모르니 수업을 따라갈 수 없는 게 당연합니다. 학교 공부를 잘할 수도 의사소통을 잘할 수도 없겠지요.

한자어는 비록 한글로 표기하지만 그 이면에는 한자가 숨어 있습니다. 위에서 아이들이 이해하지 못한 '가제'라는 어휘에도 한자 '假(거짓 가)'와 '題(제목 제)'가 쓰였습니다. 아이들이 이 어휘 속 '가'에 '거짓, 임시'의 뜻이 숨어 있다는 것을 알았다면 선생님께서 하신 말씀을 이해하거나 어휘의 뜻을 유추할 수 있었을 겁니다. 숨어 있는 한자의 뜻을 알고 있는 아이와 모르는 아이의 어휘력의 차이는 당연합니다.

〈어휘를 정복하는 한자의 힘〉은 권당 50개의 한자와 한자에서 파생된 한자 어휘 200개를 학습합니다. 그리고 새로운 어휘의 뜻을 유추하는 문제를 통해 어휘 추론력을 기릅니다. 한 권을 완주하면 비슷한말, 반대말까지 포함하여 약 300여 개의 어휘를 제대로 배울 수 있습니다.

매일 두 쪽씩 조금씩, 천천히, 꾸준히 공부해 보세요. 하루 두 쪽씩 쌓인 시간은 여러분의 공부 경쟁력이 될 거예요. 여러분의 어휘 정복을 응원합니다!

기적학습연구소 국어팀 일동

전체 학습 커리큘럼

〈 초등 1~2학년 권장 〉

1권	01 자연 1	日일	月월	火화	水수	木목	06 수 1	一일	二이	三삼	四사	五오
	02 자연 2	金금	土토	山산	天천	地지	07 수 2	六륙	七칠	八팔	九구	十십
	03 배움 1	學학	校교	先선	生생	敎교	08 정도 1	大대	小소	多다	少소	高고
	04 가족 1	父부	母모	兄형	弟제	寸촌	09 방향과 위치 1	東동	西서	南남	北북	中중
	05 사람 1	人인	女녀	男남	子자	心심	10 움직임 1	入입	出출	來래	登등	動동

2권	01 정도 2	長장	短단	強강	弱약	重중	06 사물 1	物물	形형	間간	車차/거	線선
	02 색	靑청	白백	黃황	綠록	色색	07 마을과 사회 1	村촌	里리	邑읍	洞동/통	市시
	03 신체 1	目목	口구	面면	手수	足족	08 자연 3	自자	然연	川천	江강	海해
	04 생활 1	食식	飮음	事사	業업	休휴	09 사람 2	姓성	名명	世세	活활	命명
	05 상태 1	有유	不불/부	便편/변	安안	全전	10 배움 2	讀독	書서	問문	答답	聞문

3권	01 수 3	百백	千천	萬만	算산	數수	06 방향과 위치 2	方방	向향	內내	外외	上상
	02 자연 4	風풍	雪설	石석	草초	花화	07 방향과 위치 3	下하	前전	後후	左좌	右우
	03 자연 5	春춘	夏하	秋추	冬동	光광	08 신체 2	頭두	身신	體체	育육	苦고
	04 집	家가	室실	門문	堂당	場장	09 생활 2	住주	用용	作작	交교	話화
	05 사람 3	力력	氣기	老로	孝효	工공	10 나라	王왕	民민	軍군	韓한	國국

＊총 6권 구성으로 학습 난이도에 따라 1~3권, 4~6권으로 구분합니다. 학습을 모두 마치면 약 1800여 개의 초등 필수 어휘를 정복할 수 있습니다.
＊학습 한자는 '한국어문회' 기준의 급수한자 8~6급 한자를 난이도, 주제, 사용 빈도에 따라 재배열하여 선정하였습니다. 6급 한자 중 李, 朴, 郡, 京은 파생 어휘가 한정적이라 5급 한자인 考, 知, 都, 則으로 대체하였습니다.

〈 초등 3~4학년 권장 〉

4권

01 수 4	半반	分분	計계	第제	番번	06 상태 2	正정	直직	公공	平평	利리
02 자연 6	林림	電전	樹수	根근	果과	07 상태 3	溫온	太태	感감	愛애	每매
03 가족 2	夫부	祖조	孫손	族족	禮례	08 사물 2	所소	各각	表표	級급	席석
04 사람 4	者자	信신	親친	才재	術술	09 마을과 사회 2	道도	路로	功공	共공	界계
05 시간 1	時시	朝조	晝주	午오	夕석	10 마을과 사회 3	班반	合합	社사	會회	始시

5권

01 자연 7	音음	淸청	明명	陽양	洋양	06 움직임 2	立립	行행	開개	放방	反반
02 사람 5	主주	代대	使사	意의	成성	07 상태 4	空공	同동	在재	失실	特특
03 배움 3	習습	訓훈	樂락/악	題제	科과	08 상태 5	新신	勇용	速속	幸행	急급
04 시간 2	夜야	昨작	今금	年년	古고	09 사물 3	衣의	服복	紙지	旗기	窓창
05 생활 3	記기	對대	省성/생	定정	集집	10 마을과 사회 4	式식	例례	度도	理리	和화

6권

01 사람 6	童동	等등	美미	病병	醫의	06 생활 4	歌가	農농	植식	待대	通통
02 사람 7	神신	戰전	號호	考고	知지	07 움직임 3	注주	發발	現현	消소	運운
03 자연 8	由유	本본	死사	油유	銀은	08 상태 6	近근	遠원	勝승	別별	永영
04 자연 9	角각	野야	園원	英영	庭정	09 사물 4	球구	圖도	畫화/획	米미	藥약
05 배움 4	文문	字자	言언	語어	章장	10 마을과 사회 5	部부	都도	區구	則칙	漢한

학습 설계와 활용법

하루 학습

하루에 한자 1개, 한자 어휘 4개를 학습해요

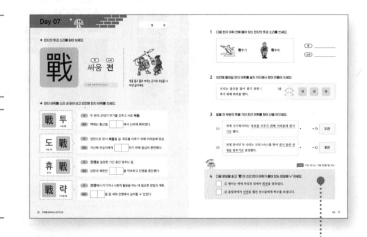

1단계 한자 알기

오늘 배울 한자입니다. 하루에 한 자씩 한자의 뜻(훈)과 소리(음)를 배웁니다.

2단계 한자 어휘 알기

한자에서 파생된 한자 어휘 4개를 학습합니다. 한자 어휘의 뜻을 소리 내 읽어 보며 그 속에 숨어 있는 한자의 뜻을 찾아보세요. 예문 안에 한자 어휘를 쓰며 어떻게 활용되는지 자연스럽게 익힙니다. 한자 어휘의 반대말과 비슷한말도 함께 배웁니다.

마무리 학습

5일 동안 배운 내용을 복습해요

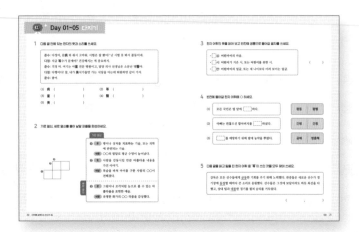

5일 동안 배운 한자 5개, 한자 어휘 20개를 문제를 풀며 복습합니다.
1 한자 훈음 확인 → **2** 어휘 활용력 기르기 → **3** 어휘 추론력 기르기 문제가 단계별로 구성되어 있습니다.

3단계   문제로 확인하기

배운 내용을 문제로 확인합니다. **1** 한자 훈음 확인 → **2** 어휘 활용력 기르기 → **3** 어휘 추론력 기르기 문제가 단계별로 구성되어 있습니다.

어휘 추론력 기르기

마지막 문제는 '어휘 추론 문제'입니다. 어휘력의 최종 도달 단계는 어휘의 뜻을 추론하는 능력입니다. 한글로 표기되어 있지만 그 안에 어떤 뜻의 한자가 숨어 있을지 추론하며 문제를 풀어 보세요.

'戰'은 '싸움, 전쟁'이라는 뜻을 가진 한자야. 두 어휘 중 '싸움, 전쟁'이라는 뜻이 있는 어휘는 '선전'인 것 같아. '회전'에는 어떤 한자가 쓰였을까?

도움말 다른 하나는 '구를 전(轉)'을 써요.

4   다음 문장을 읽고 '戰'이 쓰인 한자 어휘가 들어 있는 문장에 ✔ 하세요.

☐ ① 팽이는 벽에 부딪친 뒤에야 <u>회전</u>을 멈추었다.

☐ ② 올림픽에서 <u>선전</u>을 펼친 선수들에게 박수를 보냅니다.

특별 부록

쓰면서 한자의 뜻을 기억하고 싶다면, 쓰기장을 활용해요

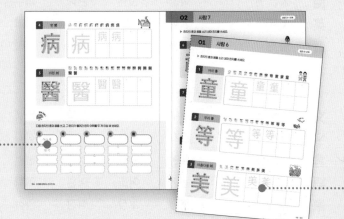

한자 쓰기를 할 수 있는 쓰기장이 맨 뒤에 수록되어 있습니다. 한 장씩 잘라서 옆에 두고 활용하세요. 본 학습과 같이 해도 좋고 복습하는 날 한 번에 해도 좋아요.

해당 한자가 들어간 한자 어휘를 떠올려 보며 마무리합니다.

한자의 뜻을 기억하며 획순에 맞게 쓰세요. **1** 크게 따라 쓰고, **2** 작게 따라 쓰고, **3** 시작점에 맞춰서 혼자 써 보세요.

이 책의 차례 6권

01 사람·6

✦ 한자의 뜻과 소리를 읽어 보세요.

뜻 아이 소리 동

＊'아이'의 뜻이 있어요.

마을(里)에 서서(立) 노는 아이를 나타낸 글자예요.

✦ 한자 어휘를 소리 내 읽어 보고 빈칸에 한자 어휘를 쓰세요.

童 시
시 詩

뜻 **어린이**가 지은 시, 또는 **어린이**를 위한 시.

예문 내가 쓴 　동　시　 가 어린이 신문에 실렸어.

童 심
마음 心

뜻 **어린아이**의 마음.

예문 아빠는 　　　　 으로 돌아가 우리와 즐겁게 노셨다.

童 안
낯 顔

뜻 **어린아이**의 얼굴, 또는 제 나이보다 어려 보이는 얼굴.

예문 우리 엄마는 　　　　 이어서 어려 보여요.

 아 童
아이 兒

뜻 나이가 적은 **아이**. 비 어린이

예문 이번 대회는 8~10세 　　　　 만 참가할 수 있다.

1 다음 글 안에 있는 한자의 뜻과 소리를 쓰세요.

> 선생님께서 국어 시간에 **童**시 한 편을 읽어 주셨다.

(뜻) _____

(소리) _____

2 빈칸에 공통으로 들어갈 한자 어휘에 ○ 하세요.

> • 어른들은 [ ]을/를 보호해야 해.
>
> • 아이들도 쉽게 이해할 수 있도록 [ ]용 책을 따로 만들었다.

| 아내 | 아동 | 아우 |

3 밑줄 친 부분의 뜻을 가진 한자 어휘를 찾아 선을 이으세요.

(1) 내가 오늘 읽은 동화에는 맑고 순수한 <u>어린아이의 마음</u>이 잘 표현되어 있어.

• ㉠ 동심

(2) 우리 언니는 대학생인데 <u>어려 보이는 얼굴</u>이어서 중학생으로 오해를 받는 경우가 많아.

• ㉡ 동안

어휘 추론!

도움말 다른 하나는 '움직일 동(動)'을 써요.

4 다음 문장을 읽고 '童'이 쓰인 한자 어휘가 들어 있는 문장에 ✔ 하세요.

[ ] ① 기계가 갑자기 <u>동작</u>을 멈추었어요.

[ ] ② <u>목동</u>은 양들이 풀을 뜯는 모습을 지켜보았어요.

✦ 한자의 뜻과 소리를 읽어 보세요.

뜻 **무리** 소리 **등**

* '무리, 등급, 같다'의 뜻이 있어요.

새들이 무리 지어 하늘을 나는 것처럼 여러 사람이나 동물 등이 함께 모여 있는 것을 나타낸 글자예요.

✦ 한자 어휘를 소리 내 읽어 보고 빈칸에 한자 어휘를 쓰세요.

等 수
셈 數

뜻 **등급**에 따라 정한 차례. 비 석차

예문 이번 시험은 [　][　] 가 올라서 기분이 좋아요.

等 호
이름 號

뜻 수학에서, 두 식 또는 두 수가 **같음**을 나타내는 부호(=).

예문 수학 풀이 과정을 쓸 때 [　][　] 를 꼭 써야 해.

평 等
평평할 平

뜻 권리, 의무, 자격 등이 차별 없이 고르고 **똑같음**.

예문 남자와 여자를 [　][　] 하게 대해야 해요.

대 等
대할 對

뜻 서로 견주어 높고 낮음이나 낫고 못함이 없이 **비슷함**.

예문 우리 팀은 상대 팀과 [　][　] 한 경기를 펼쳤어.

1 다음 글 안에 있는 한자의 뜻과 소리를 쓰세요.

장애인에게도 평**等**한 기회를 줘야 해요.

뜻 _____

소리 _____

2 빈칸에 들어갈 한자 어휘를 <보기>에서 찾아 쓰세요.

보기

대결	대답	대등	대접

두 선수는 실력이 (   )해서 누가 경기에서 이길지 짐작하기 어렵다.

3 다음 한자 어휘의 알맞은 뜻에 ○ 하세요.

(1) 등수 (등급 , 학급)에 따라 정한 차례.

(2) 등호 수학에서, 두 식 또는 두 수가 (같음 , 다름)을 나타내는 부호.

4 밑줄 친 한자 어휘에 유의하여 다음 글을 읽고 바르게 말한 친구를 고르세요. (   )

아빠는 한 달에 한 번 우리들에게 용돈을 주셨어요. 그런데 나이에 상관없이 <u>균등</u>하게 주셨기 때문에 큰형은 항상 불만이었어요. 하지만 막내는 무척 만족했지요.

① 예찬: 큰형이 용돈을 더 많이 받았어.

② 민아: 아빠는 아이들에게 용돈을 똑같이 주셨어.

✦ 한자의 뜻과 소리를 읽어 보세요.

뜻 **소리**
아름다울 미

* '아름답다'의 뜻이 있어요.
* '맛있다'의 뜻도 있어요.

우리에게 감동을 주는 경치처럼 아름다운 것을 나타낸 글자예요.

✦ 한자 어휘를 소리 내 읽어 보고 빈칸에 한자 어휘를 쓰세요.

美술
재주 術

뜻 그림이나 조각처럼 눈으로 볼 수 있는 **아름다움**을 표현한 예술.

예문 [　][　] 시간에 친구의 얼굴을 그렸다.

美모
모양 貌

뜻 **아름다운** 얼굴 모습.

예문 이모는 [　][　] 가 뛰어나서 항상 눈에 띄어.

美담
말씀 談

뜻 사람을 감동시킬 만큼 **아름다운** 내용을 가진 이야기.

예문 큰돈을 주운 한 학생이 주인을 찾아 준 [　][　] 을 들었다.

美식가
밥/먹을 食   집 家

뜻 **맛있고** 좋은 음식을 찾아 먹는 것을 즐기는 사람.

예문 이곳은 [　][　][　] 들도 인정한 맛집이야.

* 이 어휘에서는 '맛있다'의 뜻으로 써요.

1 다음 한자 어휘 안에 들어 있는 한자의 뜻과 소리를 쓰세요.

美술관   美술가

뜻 _____

소리 _____

2 빈칸에 들어갈 한자 어휘를 찾아 선을 이으세요.

(1) 전 재산을 기부한 사람의 [   ]이/가 방송되었다.   •   • ㉠ 미담

(2) 누나는 뛰어난 말솜씨에 빼어난 [   ]까지 갖추었다.   •   • ㉡ 미모

3 다음 글을 읽고 '나'를 표현할 수 있는 한자 어휘에 ○ 하세요.

나는 맛있는 음식을 먹을 때 가장 행복해. 그래서 전국 방방곡곡 맛있다고 소문난 집은 거의 다 가 봤어. 나는 앞으로 내가 경험한 음식을 사람들에게 소개하는 일을 하고 싶어.

건축가   미식가   발명가

어휘추론!

4 다음 한자 어휘 중 '美'가 쓰인 것에 ✔ 하세요.

[ ] ① 미래 ➡ 앞으로 올 때.

[ ] ② 미생물 ➡ 맨눈으로 볼 수 없는 아주 작은 생물.

[ ] ③ 미풍양속 ➡ 옛날부터 그 사회에 전해 오는 아름답고 좋은 습관.

✦ 한자의 뜻과 소리를 읽어 보세요.

뜻	소리
병	병

* '병'의 뜻이 있어요.

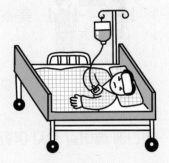

병(疒)에 걸려 힘들어하는 사람을 나타낸 글자예요.

✦ 한자 어휘를 소리 내 읽어 보고 빈칸에 한자 어휘를 쓰세요.

질 病
병 疾

뜻 몸에 생기는 온갖 **병**. 🔵 질환

예문 손을 잘 씻지 않으면 ☐☐ 에 걸리기 쉽다.

문 病
물을 問

뜻 **병**에 걸리거나 다친 사람을 찾아가 위로함. 🔵 병문안

예문 교통사고로 입원한 친구의 ☐☐ 을 갔어요.

간 病
볼 看

뜻 **병**에 걸리거나 다친 사람을 곁에서 돌봄. 🔵 간호

예문 엄마께서 밤새 아픈 나를 ☐☐ 하셨어요.

病 충 해
벌레 蟲   해할 害

뜻 농작물이 **병**과 해충으로 인하여 입은 피해.

예문 올해는 ☐☐☐ 가 심해서 농사를 망쳤다.

1 다음 글 안에 있는 한자의 뜻과 소리를 쓰세요.

> 기온이 높은 여름에는 **病**충해가 심하다.

뜻 _____

소리 _____

2 빈칸에 '질병'이 들어갈 수 있는 문장을 고르세요. ( )

① 상처 부위에 _____이 들어가지 않도록 소독을 해야 한다.

② 학교에 가기 싫어서 배가 아프다고 _____을 부리다 혼이 났다.

③ _____을 예방하려면 음식을 골고루 먹고 잠도 충분히 자야 한다.

3 다음 글의 내용과 관련 있는 한자 어휘를 찾아 선을 이으세요.

(1) 오늘 소연이가 아파서 학교에 나오지 못했어. 그래서 나는 다른 친구들과 함께 소연이를 보러 갔어. • • ㉠ 간병

(2) 동생이 독감에 걸려서 밤에 열이 펄펄 났어. 그래서 나는 동생의 이마에 찬 수건을 계속 올려 주었어. • • ㉡ 문병

어휘추론!

도움말 다른 하나는 '군사 병(兵)'을 써요.

4 다음 문장을 읽고 '病'이 쓰인 한자 어휘를 찾아 번호를 쓰세요. ( )

> ①병사들은 제대로 된 치료를 받지 못해서 ②병세가 점점 심각해지고 있었다.

✦ 한자의 뜻과 소리를 읽어 보세요.

뜻 의원 소리 의

* '의원(의사), 치료하다'의 뜻이 있어요.

아픈 사람을 고쳐 주는 의사의 모습을 나타낸 글자예요.

✦ 한자 어휘를 소리 내 읽어 보고 빈칸에 한자 어휘를 쓰세요.

醫 사
스승 師

뜻 일정한 자격을 가지고 병을 **치료하는** 것을 직업으로 하는 사람.

예문 ☐☐ 가 환자의 가슴에 청진기를 대었다.

醫 술
재주 術

뜻 병이나 상처를 **치료하는** 기술, 또는 의학에 관련되는 기술.

예문 현대 ☐☐ 로 고칠 수 없는 병은 거의 없다.

명 醫
이름 名

뜻 병을 잘 고쳐 이름난 **의사**.

예문 아빠는 내 병을 고치려고 ☐☐ 를 찾아가셨다.

醫 무 실
힘쓸 務   집 室

뜻 응급 환자나 가벼운 부상자들을 **치료하기** 위해 군대에 설치한 시설.

예문 다친 군인은 ☐☐☐ 에서 치료를 받는다.

1 다음 글 안에 있는 한자의 뜻과 소리를 쓰세요.

> 내 꿈은 수**醫**사이고, 동생의 꿈은 한**醫**사이다.

뜻 _____

소리 _____

2 빈칸에 들어갈 한자 어휘를 글자 카드에서 찾아 만들어 쓰세요.

(1) 그 의사는 뛰어난 (　　　　　)로 수많은 사람들의 병을 고쳐 주었다.

> 무　술　의

(2) 할머니께서는 (　　　　　)에게 수술을 받기 위해 일 년이나 기다리셨다.

> 명　소　의

3 밑줄 친 부분의 뜻을 가진 한자 어휘에 ○ 하세요.

> 우리나라 대부분의 부대에는 <u>아픈 군인을 치료할 수 있는 시설</u>이 마련되어 있다.

사무실　　　　의무실　　　　작업실

4 다음 한자 어휘의 예문을 읽어 보고 뜻에 알맞은 말에 ○ 하세요.

의약품

예문 약사는 <u>의약품</u>을 잘 관리해야 한다.

뜻 병을 (연구, 치료)하는 데 쓰는 약품.

1 다음 글 안에 있는 한자의 뜻과 소리를 쓰세요.

> 준수: 다정아, 문病 와 줘서 고마워. 시험은 잘 봤어? 난 시험 못 봐서 꼴등이네.
>
> 다정: 지금 等수가 문제야? 건강해지는 게 중요하지.
>
> 준수: 걱정 마. 여기는 아童 전문 병원이고, 담당 의사 선생님은 소문난 명醫야.
>
> 다정: 다행이다! 참, 내가 美식가들만 가는 식당을 아는데 퇴원하면 같이 가자.
>
> 준수: 좋아.

(1) 病 (　　　　　　　　　) 　 (2) 等 (　　　　　　　　　　　　)

(3) 童 (　　　　　　　　　) 　 (4) 醫 (　　　　　　　　　　　　)

(5) 美 (　　　　　　　　　)

2 가로 열쇠, 세로 열쇠를 풀어 낱말 퍼즐을 완성하세요.

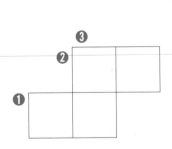

가로 열쇠

❶ 뜻 병이나 상처를 **치료하는** 기술, 또는 의학에 관련되는 기술.
　　예문 ○○의 발달로 평균 수명이 늘어났다.

❷ 뜻 사람을 감동시킬 만큼 **아름다운** 내용을 가진 이야기.
　　예문 목숨을 바쳐 아이를 구한 사람의 ○○이 전해졌다.

세로 열쇠

❸ 뜻 그림이나 조각처럼 눈으로 볼 수 있는 **아름다움**을 표현한 예술.
　　예문 유명한 화가의 ○○ 작품을 감상했다.

3 한자 어휘의 뜻을 읽어 보고 빈칸에 공통으로 들어갈 글자를 쓰세요.

- ☐심: 어린아이의 마음.
- ☐시: 어린이가 지은 시, 또는 **어린이**를 위한 시.
- ☐안: 어린아이의 얼굴, 또는 제 나이보다 어려 보이는 얼굴.

(   )

4 빈칸에 들어갈 한자 어휘에 ○ 하세요.

(1) 모든 국민은 법 앞에 ☐하다.

평등	평행

(2) 아빠는 편찮으신 할아버지를 ☐하셨다.

간병	간청

(3) ☐를 예방하기 위해 밭에 농약을 뿌렸다.

공해	병충해

5 다음 글을 읽고 밑줄 친 한자 어휘 중 '等'이 쓰인 것을 모두 찾아 쓰세요.

감독은 모든 선수들에게 <u>균등</u>한 기회를 주기 위해 노력했다. 관중들은 새로운 선수가 경기장에 <u>등장</u>할 때마다 큰 소리로 응원했다. 선수들은 그것에 보답이라도 하듯 최선을 다했고, 상대 팀과 <u>대등</u>한 경기를 펼쳐 승리를 거두었다.

(,   )

02 사람·7

✦ 한자의 뜻과 소리를 읽어 보세요.

뜻   소리

귀신 신

* '귀신, 신'의 뜻이 있어요.
* '정신, 신기하다'의 뜻도 있어요.

신비한 힘을 가진 신이나 귀신을 나타낸 글자예요.

✦ 한자 어휘를 소리 내 읽어 보고 빈칸에 한자 어휘를 쓰세요.

말씀 話

뜻 **신**이나 신 같은 존재에 대한 신비스러운 이야기.

예문 ☐☐에 등장하는 신들은 신비한 힘을 가진다.

성인 聖

뜻 **신**과 같이 성스러움. 함부로 가까이할 수 없을 만큼 귀하고 위대함.

예문 참성단은 하늘에 제사를 지내던 ☐☐한 곳이다.

잃을 失

뜻 병이나 충격 등으로 **정신**을 잃음.  기절

예문 여름철에 햇볕을 오래 쬐면 갑자기 ☐☐을 할 수 있다.

* 이 어휘에서는 '정신'의 뜻으로 써요.

통할 通

뜻 **신기할** 정도로 묘함.

예문 높은 곳에서 떨어졌는데 다치지 않았다니 ☐☐하군.

* 이 어휘에서는 '신기하다'의 뜻으로 써요.

1 다음 글 안에 있는 한자의 뜻과 소리를 쓰세요.

> 불교에서는 생명을 **神**성하게 여기기 때문에 작은 벌레도 함부로 죽이지 않는다.

뜻 _____

소리 _____

2 빈칸에 들어갈 한자 어휘를 초성을 참고하여 쓰세요.

(1) 그리스 로마 [　　]에 나오는 영웅의 이야기는 재미있어.   ㅅ ㅎ

(2) 동생은 평소에 공부를 전혀 하지 않는데 시험은 [　　]하게 잘 본다.   ㅅ ㅌ

3 밑줄 친 부분의 뜻을 가진 한자 어휘에 ○ 하세요.

> 산속에서 길을 잃은 등산객이 며칠 동안 먹지도 못하고 걷기만 하다가 결국 정신을 잃었다.

실수   실신   실종

4 다음 한자 어휘 중 '神'이 쓰인 것에 ✔ 하세요.

[　] ① 신중 ➡ 매우 조심스러움.

[　] ② 신고 ➡ 어떠한 사실을 행정 관청에 알림.

[　] ③ 신비 ➡ 보통의 생각으로는 이해할 수 없는 놀랍고 신기한 일.

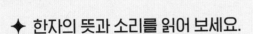

월　　일

✦ 한자의 뜻과 소리를 읽어 보세요.

戰

뜻 소리
싸움 전

＊'싸움, 전쟁'의 뜻이 있어요.

창을 들고 홀로 싸우는 군사의 모습을 나타낸 글자예요.

✦ 한자 어휘를 소리 내 읽어 보고 빈칸에 한자 어휘를 쓰세요.

戰 투
싸움 鬪

뜻 두 편의 군대가 무기를 갖추고 서로 **싸움**.

예문 백제는 황산벌 ☐☐ 에서 신라에 패하였다.

도 戰
돋울 挑

뜻 정면으로 맞서 **싸움**을 걺. 목표를 이루기 위해 어려움에 맞섬.

예문 지난해 우승자에게 ☐☐ 하기 위해 열심히 훈련했다.

휴 戰
쉴 休

뜻 **전쟁**을 일정한 기간 동안 멈추는 일.

예문 남한과 북한은 ☐☐ 을 약속하고 전쟁을 중단했다.

戰 략
간략할 略

뜻 **전쟁**에서 이기거나 사회적 활동을 하는 데 필요한 방법과 계획.

예문 ☐☐ 을 잘 세워 전쟁에서 승리할 수 있었다.

1 다음 한자 어휘 안에 들어 있는 한자의 뜻과 소리를 쓰세요.

戰투기   戰투복

뜻 _____

소리 _____

2 빈칸에 들어갈 한자 어휘를 글자 카드에서 찾아 만들어 쓰세요.

우리는 물건을 많이 팔기 위한 (   )을 짜기 위해 회의를 했다.

| 생 | 전 | 략 |

3 밑줄 친 부분의 뜻을 가진 한자 어휘를 찾아 선을 이으세요.

(1) 세계 신기록이라는 목표를 이루기 위해 <u>어려움에 맞서 기로</u> 했다.

• ㉠ 도전

(2) 전쟁 중이던 두 나라는 크리스마스를 맞아 <u>잠시 동안 전쟁을 멈추기로</u> 결정했다.

• ㉡ 휴전

어휘추론!

도움말 다른 하나는 '구를 전(轉)'을 써요.

4 다음 문장을 읽고 '戰'이 쓰인 한자 어휘가 들어 있는 문장에 ✓ 하세요.

☐ ① 팽이는 벽에 부딪친 뒤에야 <u>회전</u>을 멈추었다.

☐ ② 올림픽에서 <u>선전</u>을 펼친 선수들에게 박수를 보냅니다.

✦ 한자의 뜻과 소리를 읽어 보세요.

뜻   소리

이름 호

* '이름'의 뜻이 있어요.
* '기호, 명령하다'의 뜻도 있어요.

이름을 부르거나 명령을 내리는 것을 나타낸 글자예요.

✦ 한자 어휘를 소리 내 읽어 보고 빈칸에 한자 어휘를 쓰세요.

칭 號
일컬을 稱

뜻   어떠한 뜻으로 부르거나 말하는 **이름**.   비 호칭

예문   우리나라는 고종이 처음으로 황제라는 [   ][   ]를 사용했다.

신 號
믿을 信

* 이 어휘에서는 '기호'의 뜻으로 써요.

뜻   어떤 내용을 전하려고 서로 약속해 사용하는 소리, 몸짓, **기호**.

예문   녹색 [   ][   ]가 켜진 뒤에 횡단보도를 건너야 해.

암 號
어두울 暗

* 이 어휘에서는 '기호'의 뜻으로 써요.

뜻   비밀을 지키려고 관계있는 사람들끼리만 알 수 있게 정한 **기호**.

예문   복잡한 [   ][   ]를 풀어서 방 탈출에 성공했어.

號 령
하여금 令

* 이 어휘에서는 '명령하다'의 뜻으로 써요.

뜻   부하나 동물을 지휘하여 **명령함**. 큰 소리로 꾸짖음.

예문   장군이 부하들에게 공격을 시작하라는 [   ][   ]을 내렸다.

---

1 다음 글 안에 있는 한자의 뜻과 소리를 쓰세요.

> 신**號**등이 빨간불일 때에는 길을 건너면 안 돼.

뜻 _____

소리 _____

2 다음 중 '호령'이 <u>잘못</u> 쓰인 문장을 고르세요. (   )

① 친구에게 한 번만 도와 달라고 간곡히 <u>호령</u>을 했다.

② 조련사가 큰 소리로 <u>호령</u>을 하자 코끼리가 움직이기 시작했다.

③ 선생님의 <u>호령</u> 소리에 시끄럽게 떠들던 아이들이 갑자기 조용해졌다.

3 다음 한자 어휘의 알맞은 뜻에 ○ 하세요.

(1)	칭호	어떠한 뜻으로 부르거나 말하는 (소리 , 이름).
(2)	호령	부하나 동물을 지휘하여 (명령 , 충고)함. 큰 소리로 꾸짖음.
(3)	암호	비밀을 지키려고 관계있는 사람들끼리만 알 수 있게 정한 (기호 , 차례).

어휘추론!

도움말 다른 하나는 '도울 호(護)'를 써요.

4 다음 문장을 읽고 '號'가 쓰인 한자 어휘가 들어 있는 문장에 ✔ 하세요.

☐ ① '튀르키예'는 터키가 새롭게 바꾼 <u>국호</u>야.

☐ ② 내 병이 빨리 나은 건 엄마의 <u>간호</u> 덕분이야.

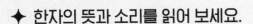

월   일

✦ 한자의 뜻과 소리를 읽어 보세요.

考

(뜻) (소리)
생각할 고

*'생각하다'의 뜻이 있어요.

지팡이를 짚고 깊이 생각하는 노인의 모습을 나타낸 글자예요.

✦ 한자 어휘를 소리 내 읽어 보고 빈칸에 한자 어휘를 쓰세요.

사 考 생각 思	(뜻) 어떤 것에 대하여 깊이 있게 **생각함**. (예문) 책을 많이 읽으면 ☐☐ 능력이 좋아진다.
참 考 참여할 參	(뜻) 살펴 **생각하여** 도움을 얻음. (예문) 보내 드린 약도를 ☐☐ 해서 찾아오세요.
考 려 생각할 慮	(뜻) **생각하고** 헤아려 봄. (예문) 우리 가족은 독일로 이민 가는 것을 ☐☐ 중이야.
考 안 책상 案	(뜻) 연구를 하여 새로운 물건이나 방법, 계획 등을 **생각해** 냄. (예문) 새로운 제품을 ☐☐ 하기 위해 연구를 시작했다.

1 다음 글 안에 있는 한자의 뜻과 소리를 쓰세요.

> 폭력적인 게임은 청소년의 사**考**방식에 나쁜 영향을 끼치
> 므로 하지 않는 것이 좋다.

뜻 ＿＿＿＿＿＿＿＿＿

소리 ＿＿＿＿＿＿＿＿＿

2 빈칸에 들어갈 한자 어휘를 찾아 선을 이으세요.

(1) 오늘 배운 내용을 ☐ 해서 글을 써 보세요.   •

• ㉠ 고안

(2) 석유를 대체할 새로운 연료를 ☐ 해 내야 한다.   •

• ㉡ 참고

3 밑줄 친 부분의 뜻을 가진 한자 어휘에 ○ 하세요.

> 새 학기가 되어 새로운 친구를 사귀려고 할 때 친구의 외모나 성적은
> 생각하고 헤아릴 사항이 아니다.

고려
- - - - -
고정

4 밑줄 친 한자 어휘에 유의하여 다음 글을 읽고 바르게 말한 친구를 고르세요.   (   )

> 주민들은 시청을 찾아가 공원에 의자를 놔 줄 것을 요구했다. 시청 담당자는 <u>심사숙고</u>
> 한 뒤에 결정하겠다고 말했다.

① 진성: 시청 담당자는 공원에 의자를 놓을 수 없다고 했어.

② 다인: 시청 담당자는 공원에 의자를 놓는 일에 대해 깊이 생각해 보겠다고 했어.

월   일

✦ 한자의 뜻과 소리를 읽어 보세요.

뜻 소리
알 지

＊'알다, 알리다'의 뜻이 있어요.

화살(矢)처럼 말(口)을 빠르게 하려면 많이 알아야 해요. 이 글자는 아는 것을 나타낸 글자예요.

✦ 한자 어휘를 소리 내 읽어 보고 빈칸에 한자 어휘를 쓰세요.

知 능
능할 能

뜻 사물이나 상황을 **알고** 환경에 적응하는 능력.

예문 침팬지는 ☐☐ 이 높아 도구를 사용할 줄 안다.

미 知
아닐 未

뜻 아직 **알지** 못함.

예문 탐험가가 되어 ☐☐ 의 세계를 탐험하고 싶다.

감 知
느낄 感

뜻 느끼어 **앎**.

예문 연탄가스는 빛깔과 냄새가 없기 때문에 ☐☐ 가 어렵다.

공 知
공평할 公

뜻 세상에 널리 **알림**. 공고

예문 태풍 때문에 인공위성 발사를 취소한다는 ☐☐ 를 했다.

1 다음 글 안에 있는 한자의 뜻과 소리를 쓰세요.

> 화재 감**知**기가 고장 나면 불이 나도 빠르게 대응할 수 없으므로 정기적으로 점검해야 한다.

(뜻) _____

(소리) _____

2 다음 문장에 들어갈 한자 어휘에 ○ 하세요.

(1)
> (만능 , 지능)이 높다고 해서 항상 시험 성적이 좋은 것은 아니다.

(2)
> 누리집 게시판에 올라와 있는 (공간 , 공지)을/를 보고 참가 신청을 하세요.

3 다음 뜻을 가진 한자 어휘를 초성을 참고하여 쓰세요.

(1)
> 느끼어 앎.

| ㄱ | ㅈ |

(2)
> 아직 알지 못함.

| ㅁ | ㅈ |

도움말 다른 하나는 '땅 지(地)'를 써요.

4 다음 문장을 읽고 밑줄 친 한자 어휘 속 '지'가 <보기>와 같은 뜻으로 쓰인 것에 ✔ 하세요.

보기
> 우리가 미지의 분야를 개척하는 것도 좋을 거야.

☐ ① 부모님은 지금 우리의 상황을 인지하고 계셔.

☐ ② 하늘을 날던 갈매기는 과자를 먹으려고 땅에 착지했다.

1 다음 글 안에 있는 한자의 뜻과 소리를 쓰세요.

> 이순신은 전라 좌수사에 임명되자마자 적의 침략에 철저히 대비했어요. 전쟁이 일어날 것이 감**知**되는 상황은 아니었지만, 언제 전쟁이 일어나도 당당히 싸울 수 있도록 준비했지요. 임진왜란이 일어나자, 이순신은 크고 작은 **戰**투에서 승리를 해 나갔어요. 땅의 모양이나 기후 등을 **考**려해 작전을 세운 덕분이었어요. 절대로 이길 수 없을 것 같았던 싸움에서 **神**통하게 승리를 거두기도 했어요. 13척의 배로 133척의 배를 상대해서 이긴 명량 대첩이 그 예지요. 이순신은 조선 역사에서 가장 위대한 장군이에요. 위인의 칭**號**를 받기에 충분한 인물이지요.

(1) 知 (   )   (2) 戰 (   )

(3) 考 (   )   (4) 神 (   )

(5) 號 (   )

2 다음 뜻과 예문에 맞는 한자 어휘를 글자판에서 찾아 묶으세요.

① 뜻 아직 알지 못함.
　예문 아무도 모르는 ○○의 섬에 가고 싶어.

② 뜻 병이나 충격 등으로 정신을 잃음.
　예문 엄마는 삼촌의 사고 소식을 듣고 ○○하셨다.

③ 뜻 어떤 것에 대하여 깊이 있게 생각함.
　예문 부정적 ○○는 부정적인 결과를 가져올 수 있다.

④ 뜻 정면으로 맞서 싸움을 겨룸.
　예문 그는 수많은 선수들의 ○○에도 불구하고 1위 자리를 지키고 있다.

실	수	기	도
신	비	무	전
묘	미	지	부
사	고	인	상

3 <보기>의 글자 카드에서 알맞은 글자를 찾아 한자 어휘를 완성하세요.

보기

| 공 | 령 | 응 | 정 | 참 |

(1) 임금의 | 호 | | 이 떨어지자 신하들은 바쁘게 움직였어.

(2) 한 번도 가 보지 못한 곳의 풍경은 사진을 | | 고 | 해서 그렸다.

(3) 반 친구들에게 다음 주에 알뜰 장터가 열린다는 | | 지 | 를 했다.

4 밑줄 친 한자 어휘가 바르게 쓰인 문장을 고르세요. (   )

① 휴전이 계속되면 많은 사람들이 전쟁터에서 목숨을 잃을 거야.
② 외부로 알려지면 안 되는 중요한 정보는 암호로 바꾸어 보관한다.
③ 아빠는 할아버지께 물려받은 시계를 화장대 서랍에 고이 고안 중이셔.

5 다음 글을 읽고 밑줄 친 한자 어휘 중 '神'이 쓰인 것을 모두 찾아 쓰세요.

<내가 좋아하는 책의 종류>

1. 세계 여러 나라의 신화
2. 위인들의 신념이 잘 드러난 전기문
3. 신비한 능력을 가진 사람들이 많이 나오는 동화

(,   )

03 자연·8

✦ 한자의 뜻과 소리를 읽어 보세요.

말미암을 유

뜻   소리

* '말미암다, 까닭'의 뜻이 있어요.
* '거치다'의 뜻도 있어요.

비가 와서 소풍을 못 가나 봐요. 이 글
자는 무엇으로 말미암아 어떤 현상이
생기는 것을 나타내요.

✦ 한자 어휘를 소리 내 읽어 보고 빈칸에 한자 어휘를 쓰세요.

由 래
올 來

뜻 사물이나 일이 어떤 것으로 **말미암아** 생겨남, 또는 생겨난 과
정이나 까닭. 🈁 내력

예문 매년 열리는 이 행사는 □□가 오래되었다.

자 由
스스로 自

뜻 무엇에 얽매이지 않고 자기 뜻에서 **말미암아** 마음대로 할 수
있는 상태.

예문 □□ 시간에는 하고 싶은 것을 마음껏 하렴.

사 由
일 事

뜻 일의 **까닭**. 🈁 연고, 연유

예문 정당한 □□ 없이 지각을 하면 벌칙을 받는다.

경 由
지날 經

뜻 어떤 곳을 **거쳐** 지남.

예문 한국으로 바로 오는 비행기가 없어서 중국을 □□했다.

* 이 어휘에서는 '거치다'의 뜻으로 써요.

1 다음 글 안에 있는 한자의 뜻과 소리를 쓰세요.

우리나라는 종교의 자**由**를 보장하고 있다.

뜻 _____

소리 _____

2 빈칸에 들어갈 한자 어휘에 ○ 하세요.

마라톤은 아테네와 페르시아가 맞붙은 마라톤 전쟁 당시 아테네의 승리 소식을 전하려고 쉬지 않고 달렸던 한 병사의 이야기에서 [　　]했다.

유래　　　　유지　　　　유행

3 밑줄 친 부분의 뜻을 가진 한자 어휘를 찾아 선을 이으세요.

도운: 너 너무 늦은 거 아냐? 이렇게 오래 걸린 ①까닭이 뭐야?

민아: ②다른 곳을 거쳐서 가는 버스를 탔기 때문이야.

① •　　　• ㉠ 경유

② •　　　• ㉡ 사유

도움말 다른 하나는 '있을 유(有)'를 써요.

4 다음 문장을 읽고 '由'가 쓰인 한자 어휘가 들어 있는 문장에 ✓ 하세요.

[　] ① 경주는 유서 깊은 유적지가 많은 곳이야.

[　] ② 유명 음식점에 가면 사람이 너무 많아서 오래 기다려야 해.

월   일

✦ 한자의 뜻과 소리를 읽어 보세요.

뜻 소리

근본 **본**

*'근본(바탕), 원래, 중심'의 뜻이 있어요.

나무(木)의 뿌리를 나타낸 글자예요.

✦ 한자 어휘를 소리 내 읽어 보고 빈칸에 한자 어휘를 쓰세요.

기 本
터 基

뜻 사물이나 현상, 이론, 시설 등을 이루는 **바탕**.

예문 요즘 휴대 전화는 녹음 기능을 [   ][   ]으로 갖추고 있다.

本 성
성품 性

뜻 사람이 **원래**부터 가진 성질.

예문 이번 일로 그 사람의 [   ][   ]이 다 드러났어.

本 심
마음 心

뜻 **원래**부터 가지고 있는 마음. 꾸밈이나 거짓이 없는 마음.

예문 불쌍한 사람을 돕겠다는 나의 [   ][   ]은 변하지 않았다.

本 문
글월 文

뜻 문서나 긴 글에서 **중심**이 되는 글.

예문 중요한 내용은 [   ][   ]에 잘 나타나 있어.

1 다음 글 안에 있는 한자의 뜻과 소리를 쓰세요.

> 형태가 바뀌는 낱말은 형태가 바뀌지 않는 부분에 '-다'를 붙여 기**本**형을 만든다.

뜻 _____

소리 _____

2 빈칸에 들어갈 한자 어휘를 글자 카드에서 찾아 만들어 쓰세요.

(1) (   )을 꼼꼼히 읽어 봐야 글의 내용이 무엇인지 알 수 있겠다.

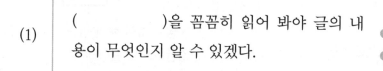

문 법 본

(2) 친구에게 심한 말로 상처를 준 것은 결코 내 (   )이/가 아니었다.

기 본 심

3 밑줄 친 부분의 뜻을 가진 한자 어휘에 ○ 하세요.

> 내가 <u>원래부터 가진 성질</u>은 부정적인 편인데 긍정적으로 생각하려고 노력하고 있어.

본성   정성   지성

4 다음 한자 어휘의 예문을 읽어 보고 뜻에 알맞은 말에 ○ 하세요.

본체

예문 모니터와 키보드, 마우스는 컴퓨터 <u>본체</u>에 연결되어 있다.

뜻 기계 등의 (바깥 , 중심) 부분.

✦ 한자의 뜻과 소리를 읽어 보세요.

(뜻) (소리)
죽을 **사**

*'죽다'의 뜻이 있어요.

사람이 죽어 뼈만 남는 상태로 변하는 것을 나타낸 글자예요.

✦ 한자 어휘를 소리 내 읽어 보고 빈칸에 한자 어휘를 쓰세요.

死 망
망할 亡

> (뜻) 사람이 **죽음**. (반) 출생
>
> (예문) 그 작가는 젊은 나이에 사고로 ☐☐ 했어.

생 死
날 生

> (뜻) 삶과 **죽음**을 아울러 이르는 말. (비) 사생
>
> (예문) 전쟁 중에 헤어진 가족의 ☐☐ 를 알 수 없어 답답해.

死 력
힘 力

> (뜻) **죽을** 각오를 하고 최선을 다하여 쓰는 힘.
>
> (예문) 일 등을 하기 위해 ☐☐ 을 다해 뛰었다.

死 상 자
다칠 傷   사람 者

> (뜻) **죽은** 사람과 다친 사람.
>
> (예문) 교통사고 ☐☐☐ 를 병원으로 옮겼다.

1 다음 글 안에 있는 한자의 뜻과 소리를 쓰세요.

> 한 달째 **死**망자와 부상자를 수색하고 있다.

뜻 _____

소리 _____

2 밑줄 친 한자 어휘를 <u>잘못</u> 사용한 친구를 고르세요. ( )

> 보람: 예전에 이 다리가 무너져서 10여 명의 <u>사상자</u>가 발생했었어.
>
> 세정: 알아. <u>생사</u>의 갈림길에 놓였다가 겨우 살아난 사람 얘기도 들었어.
>
> 현성: 그 사고로 <u>사력</u>을 잃어 앞을 못 보는 사람도 있대.

① 보람　　　　　　② 세정　　　　　　③ 현성

3 다음 한자 어휘의 알맞은 뜻에 ○ 하세요.

(1)	사상자	죽은 사람과 (다친 , 실종된) 사람.
(2)	생사	(삶 , 고통)과 죽음을 아울러 이르는 말.

어휘 추론!

도움말 다른 하나는 '일 사(事)'를 써요.

4 다음 문장을 읽고 '死'가 쓰인 한자 어휘가 들어 있는 문장에 ✔ 하세요.

☐ ① 내가 쉽게 이해할 수 있도록 <u>사례</u>를 들어 설명해 줘.

☐ ② 고모는 고모부와의 갑작스러운 <u>사별</u> 후 슬픔에 빠지셨어.

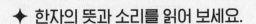

✦ 한자의 뜻과 소리를 읽어 보세요.

뜻   소리

기름 유

＊'기름'의 뜻이 있어요.

불을 밝히는 액체(氵)인 기름을 나타낸 글자예요.

✦ 한자 어휘를 소리 내 읽어 보고 빈칸에 한자 어휘를 쓰세요.

油 성
성품 性

뜻 **기름**의 성질.

예문 옷에 ☐☐ 잉크가 묻어서 물로 씻어도 지워지지 않아.

油 화
그림 畫

뜻 물감을 **기름**에 섞어서 그리는 서양식 그림.

예문 ☐☐ 물감을 두껍게 칠하면 입체감을 표현할 수 있다.

油 분
나눌 分

뜻 어떤 것에 묻어 있거나 섞여 있는 **기름기**. 🅑 기름기

예문 ☐☐ 이 많은 화장품을 쓰면 여드름이 나기 쉽다.

油 조 선
구유 槽   배 船

뜻 **석유**를 실어 나르는 배.

예문 ☐☐☐ 에 기름을 가득 실었다.

1 다음 한자 어휘 안에 들어 있는 한자의 뜻과 소리를 쓰세요.

油조선　　油조차

뜻 ＿＿＿＿＿＿＿＿＿

소리 ＿＿＿＿＿＿＿＿＿

2 빈칸에 '유분'이 들어갈 수 있는 문장을 고르세요.　　　　　　　（　　　　）

① 자를 이용해서 ＿＿＿＿＿＿을 그었다.

② 머리 속의 ＿＿＿＿＿＿을 씻어 낼 수 있도록 머리를 깨끗이 감았다.

③ 여름철에는 ＿＿＿＿＿＿이 부족하지 않도록 물을 자주 마셔야 한다.

3 다음 뜻을 가진 한자 어휘를 초성을 참고하여 쓰세요.

(1) 기름의 성질.　　　　　　　　　　　ㅇ　ㅅ

(2) 물감을 기름에 섞어서 그리는 서양식 그림.　　ㅇ　ㅎ

4 밑줄 친 한자 어휘에 유의하여 다음 글을 읽고 바르게 말한 친구를 고르세요.　（　　　　）

우리나라는 2004년에 세계에서 95번째로 <u>산유국</u>이 되었다. 그러나 매장된 석유의 양이 많지 않아 2021년에 생산을 멈추었다.

① **민호**: 우리나라도 석탄을 생산했던 적이 있구나.

② **수영**: 우리나라도 석유를 생산했던 적이 있구나.

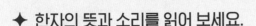

✦ 한자의 뜻과 소리를 읽어 보세요.

뜻 소리

은 은

* '은, 은색, 돈'의 뜻이 있어요.

올림픽에서 2등을 하면 은메달을 받아요.
이 글자는 금보다 저렴한 은을 나타내요.

✦ 한자 어휘를 소리 내 읽어 보고 빈칸에 한자 어휘를 쓰세요.

銀 상		
상줄 賞		

뜻 상의 등급을 금, **은**, 동으로 나누었을 때 2등에 해당하는 상.

예문 글짓기 대회에서 2등을 해서 ☐☐ 을 받았어요.

銀 박		
발 箔		

뜻 **은** 또는 은과 같은 빛깔의 재료를 종이와 같이 얇게 만든 것.

예문 아빠가 ☐☐ 도시락에 볶음밥을 싸 주셨어.

양 銀		
큰 바다 洋		

뜻 그릇이나 장식품 등을 만드는 데 쓰는 **은색**의 금속.

예문 ☐☐ 냄비에 라면을 끓이면 참 맛있지!

銀 행		
다닐 行		

뜻 사람들의 **돈**을 맡아 관리하고 필요한 사람에게 빌려주는 기관.

예문 나는 매달 만 원씩 ☐☐ 에 저축을 하고 있다.

1 다음 글 안에 있는 한자의 뜻과 소리를 쓰세요.

김밥을 **銀**박지에 싸서 보관했어요.

뜻 _____

소리 _____

2 다음 문장에 들어갈 한자 어휘에 ○ 하세요.

(1) (양면 , 양은) 주전자에 물을 끓이면 빨리 끓어서 좋아.

(2) 일 등과 일 초 차이가 나서 아쉽게 (보상 , 은상)을 받았어.

3 퀴즈를 읽고 알맞은 답을 쓰세요.

이곳은 어디일까요?
이곳은 사람들이 맡긴 돈을 관리하고 필요한 곳에 빌려주는 일을 해요.

(   )

어휘 추론!

4 다음 한자 어휘 중 '銀'이 쓰인 것에 ✓ 하세요.

☐ ① 금은보화 ➡ 금, 은, 보석 등 매우 귀중한 물건.

☐ ② 은혜 ➡ 자연이나 사람이 기꺼이 베풀어 주는 도움.

☐ ③ 은퇴 ➡ 하던 일에서 물러나거나 사회 활동을 그만두고 한가히 지냄.

1 다음 글 안에 있는 한자의 뜻과 소리를 쓰세요.

> 오늘 오전 10시 ○○ **銀**행에서 일어난 화재로 다수의 **死**상자가 발생했습니다. 소방 당국은 가스 폭발 사고로 추정하고 있지만, 아직 정확한 사**由**는 알려지지 않고 있습니다.

(1) **銀** ( )   (2) **死** ( )

(3) **由** ( )

> 어제 서울의 한 미술관에서 **油**화 작품이 도난당하는 사건이 일어났습니다. 경찰은 대부분의 건물들이 기**本**적으로 갖추고 있는 CCTV를 확인하며 범인을 뒤쫓고 있습니다.

(4) **油** ( )   (5) **本** ( )

2 빈칸에 들어갈 한자 어휘를 <보기>의 글자 카드에서 찾아 만들어 쓰세요.

보기

| 사 | 본 | 유 | 망 | 문 | 분 |

(1) 얼굴에 [ ][ ] 이/가 너무 많아서 번들거려.

↳ 어떤 것에 묻어 있거나 섞여 있는 **기름기**.

(2) 우리는 선생님의 [ ][ ] 소식에 모두 충격을 받았어.

↳ 사람이 **죽음**.

(3) 글의 맺음말을 쓰기 어려우면 [ ][ ] 의 내용을 요약해도 좋아.

↳ 문서나 긴 글에서 **중심**이 되는 글.

3 빈칸에 들어갈 한자 어휘를 찾아 선을 이으세요.

(1)
시험에 꼭 붙고 싶어서 ☐을/를 다해 공부했어. •

(2)
벽에 ☐ 페인트를 칠해야 비가 와도 벗겨지지 않아. •

(3)
그 놀이는 남아 있는 기록이 없어서 ☐을/를 밝히기 어려워. •

• ㉠ 사력

• ㉡ 유래

• ㉢ 유성

4 밑줄 친 한자 어휘를 초성을 참고하여 바르게 고쳐 쓰세요.

(1) <u>유람선</u>으로 석유를 실어 나르고 있다. → | ㅇ | ㅈ | ㅅ |

(2) 감옥에 갇히면 어디든 마음껏 갈 수 있는 <u>자신</u>이 없어진다. → | ㅈ | ㅇ |

5 다음 문장을 읽고 밑줄 친 한자 어휘 속 '사'가 <보기>와 같은 뜻으로 쓰인 것에 ✔ 하세요.

> 보기
> 우리는 <u>생사</u>를 함께한 사이야.

☐ ① 우리 팀은 마지막에 골을 넣어 <u>기사회생</u>을 했어.

☐ ② 우리 마을은 풍경이 아름다워서 <u>사시사철</u> 관광객이 끊이지 않아요.

04 자연·9

✦ 한자의 뜻과 소리를 읽어 보세요.

(뜻) (소리)
뿔 각

* '뿔'의 뜻이 있어요.
* '각(각도), 다투다'의 뜻도 있어요.

짐승의 뿔을 본뜬 글자예요.

✦ 한자 어휘를 소리 내 읽어 보고 빈칸에 한자 어휘를 쓰세요.

두 **角**
머리 頭

뜻   짐승의 머리에 있는 **뿔**. 뛰어난 재주나 기술, 지식.

예문   그 화가는 어릴 때부터 미술에 남다른 ⬚⬚을 보였다.

직 **角**
곧을 直

뜻   두 직선이 만나서 이루는 90도의 **각**.

예문   직사각형은 네 각이 모두 ⬚⬚이다.

*이 어휘에서는 '각'의 뜻으로 써요.

다 **角** 도
많을 多   법도 度

뜻   여러 **각도**, 또는 여러 방면.

예문   ⬚⬚⬚로 대책을 마련하고 있다.

*이 어휘에서는 '각'의 뜻으로 써요.

角 축
쫓을 逐

뜻   서로 이기려고 **다투며** 덤벼듦.

예문   회장 선거에서 네 명의 후보가 ⬚⬚을 벌였다.

*이 어휘에서는 '다투다'의 뜻으로 써요.

1 다음 글 안에 있는 한자의 뜻과 소리를 쓰세요.

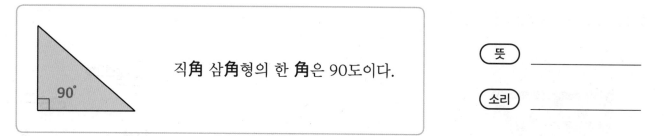

직**角** 삼**角**형의 한 **角**은 90도이다.

(뜻) _____

(소리) _____

2 다음 문장에 들어갈 한자 어휘에 ○ 하세요.

(1) 오늘 경기는 양 팀 간에 (각축 , 감축)이 더욱 치열할 것으로 예상됩니다.

(2) 그 성악가는 세계적인 대회에서 우승하면서 (두각 , 두뇌)을/를 드러냈다.

3 밑줄 친 부분과 바꾸어 쓸 수 있는 한자 어휘를 초성을 참고하여 쓰세요.

최근 들어 정신 건강에 문제를 겪는 사람들이 증가하는 원인을 여러 <u>방면</u>으로 분석하고 있다.

ㄷ	ㄱ	ㄷ

4 다음 한자 어휘 중 '角'이 쓰인 것에 ✓ 하세요.

☐ ① 촉각 ➡ 물건이 피부에 닿아서 느껴지는 감각.

☐ ② 사각 ➡ 위치상 어느 각도에서도 볼 수 없는 곳.

☐ ③ 지각 ➡ 정해진 시각보다 늦게 출근하거나 등교함.

월   일

✦ 한자의 뜻과 소리를 읽어 보세요.

뜻 ⟶ 들   소리 ⟶ 야

* '들'의 뜻이 있어요.
* '범위'의 뜻도 있어요.

마을(里)에서 떨어진 넓은 들을 나타 낸 글자예요.

✦ 한자 어휘를 소리 내 읽어 보고 빈칸에 한자 어휘를 쓰세요.

野 산
메 山

뜻 들 가까이의 나지막한 산.

예문 우리 가족은 시간이 날 때마다 동네 [   ][   ]에 오른다.

野 영
경영할 營

뜻 들이나 야외에서 천막을 쳐 놓고 하는 생활.

예문 비가 올 때에는 계곡에서 [   ][   ]을 하면 안 된다.

분 **野**
나눌 分

뜻 어떤 기준에 따라 나눈 **범위**나 부분 중 하나. 🅑 영역

예문 기자가 되면 다양한 [   ][   ]의 사람들을 만날 수 있다.

* 이 어휘에서는 '범위'의 뜻으로 써요.

시 **野**
볼 視

뜻 눈으로 볼 수 있는 **범위**. 일을 이해할 수 있는 생각의 **범위**.

예문 산 정상에 올라가니 [   ][   ]가 탁 트였다.

* 이 어휘에서는 '범위'의 뜻으로 써요.

1 다음 글 안에 있는 한자의 뜻과 소리를 쓰세요.

이 **野**영장은 시설이 좋아서 **野**영객들이 많아.

(뜻) _____

(소리) _____

2 빈칸에 들어갈 한자 어휘를 찾아 선을 이으세요.

(1) 나는 무용의 여러 ☐ 중에서 발레에 재능이 있다. •

• ㉠ 분야

(2) 책을 많이 읽으면 폭넓은 ☐ 를 갖는 데 도움이 된다. •

• ㉡ 시야

3 밑줄 친 부분의 뜻을 가진 한자 어휘에 ○ 하세요.

할아버지는 <u>들 가까이에 있는 나지막한 산</u>에 사과나무를 심으셨다.

광산   명산   야산

어휘추론!

도움말 다른 하나는 '밤 야(夜)'를 써요.

4 다음 문장을 읽고 '野'가 쓰인 한자 어휘가 들어 있는 문장에 ✔ 하세요.

☐ ① 나는 잠이 오지 않을 때에는 <u>심야</u> 방송을 봐.

☐ ② 누군가 버린 담배꽁초 때문에 드넓은 <u>임야</u>가 다 탔다.

월   일

✦ 한자의 뜻과 소리를 읽어 보세요.

뜻 동산

소리 원

* '동산, 밭'의 뜻이 있어요.

여유를 찾고 휴식을 취하기 위해 찾아가는 동산을 나타낸 글자예요.

✦ 한자 어휘를 소리 내 읽어 보고 빈칸에 한자 어휘를 쓰세요.

화 園
꽃 花

뜻 꽃을 심은 **동산**. 꽃을 파는 가게.

예문 ☐☐ 에 갖가지 꽃이 피었다.

전 園
밭 田

뜻 논과 **밭** 등이 많은 한적한 시골.

예문 부모님은 ☐☐ 에서 살고 싶으셔서 시골로 가셨다.

園 예
재주 藝

뜻 **밭** 등에 채소, 과일, 꽃 등을 심어서 가꾸는 일이나 기술.

예문 ☐☐ 를 해 보고 싶어서 마당에 화단을 만들었어.

과 수 園
실과 果   나무 樹

뜻 과일나무를 많이 심어 놓은 **밭**.

예문 ☐☐☐ 에서 사과를 땄다.

1 다음 글 안에 있는 한자의 뜻과 소리를 쓰세요.

> 부모님께 드릴 카네이션을 사러 화園에 갔다.

뜻 _____

소리 _____

2 빈칸에 들어갈 한자 어휘를 <보기>에서 찾아 쓰세요.

보기

무예	문예	서예	원예

> 아버지는 평소 (   )를 즐기시기 때문에 집 안 곳곳에 화분을 놓고 가꾸신다.

3 다음 뜻을 가진 한자 어휘를 초성을 참고하여 쓰세요.

(1) 논과 밭 등이 많은 한적한 시골.   ㅈ ㅇ

(2) 과일나무를 많이 심어 놓은 밭.   ㄱ ㅅ ㅇ

도움말 다른 하나는 '집 원(院)'을 써요.

4 다음 문장을 읽고 '園'이 쓰인 한자 어휘가 들어 있는 문장에 ✓ 하세요.

☐ ① 할머니께서 수술을 마치고 퇴원하셨다.

☐ ② 창덕궁 후원에는 아름답기로 소문난 부용지와 부용정이 있다.

월   일

✦ 한자의 뜻과 소리를 읽어 보세요.

(뜻) (소리)
꽃부리 영

* '뛰어나다'의 뜻이 있어요.
* '영국'의 뜻도 있어요.

꽃잎 전체인 꽃부리를 나타낸 글자예요. 꽃이 눈에 띄어 아름답고 뛰어나는 뜻으로 확대되었어요.

✦ 한자 어휘를 소리 내 읽어 보고 빈칸에 한자 어휘를 쓰세요.

英웅
수컷 雄

(뜻) 재주와 용기가 **뛰어나** 보통 사람이 하기 어려운 일을 하는 사람.

(예문) 그는 전쟁을 승리로 이끌어 나라의 ☐☐ 이 되었다.

英재
재주 才

(뜻) 어떤 분야에 **뛰어난** 재주가 있는 사람.

(예문) 나는 수학 ☐☐ 로 뽑혀 대학교에서 교육을 받고 있어.

英특
특별할 特

(뜻) 남달리 **뛰어나고** 훌륭함.

(예문) 동생은 어려서부터 ☐☐ 해서 세 살 때 책을 읽었다.

英어
말씀 語

(뜻) **영국**과 미국 등 세계적으로 가장 널리 쓰이는 언어.

(예문) 미국에 여행을 갔을 때 ☐☐ 를 잘 못해서 힘들었다.

*이 어휘에서는 '영국'의 뜻으로 써요.

1 다음 글 안에 있는 한자의 뜻과 소리를 쓰세요.

> 우리 언니는 언어 英재라서 英어, 일어, 중국어, 스페인어도 할 수 있어.

(뜻) _____

(소리) _____

2 빈칸에 들어갈 한자 어휘를 글자 카드에서 찾아 만들어 쓰세요.

(1) 내 동생은 무척 ( )해서 구구단을 하루 만에 다 외웠어.

영 원 특

(2) 그 사람은 물에 빠진 아이를 구했다는 이유로 ( ) 대접을 받았어.

배 영 웅

3 밑줄 친 부분의 뜻을 가진 한자 어휘에 ○ 하세요.

> 춤과 노래에 뛰어난 재주를 가진 사람을 훈련시켜 가수로 만들었다.

영재   총재   취재

어휘추론!

도움말 다른 하나는 '맞을 영(迎)'을 써요.

4 다음 문장을 읽고 '英'이 쓰인 한자 어휘가 들어 있는 문장에 ✔ 하세요.

☐ ① 채아는 마을에서 영민하기로 소문난 아이다.

☐ ② 올림픽에 출전한 선수들이 팬들에게 환영을 받았다.

✦ 한자의 뜻과 소리를 읽어 보세요.

뜻 소리
뜰 **정**

*'뜰, 집, 곳'의 뜻이 있어요.

큰 집(广)에 있는 뜰이나 마당을 나타낸 글자예요.

✦ 한자 어휘를 소리 내 읽어 보고 빈칸에 한자 어휘를 쓰세요.

庭 원
동산 園

> 뜻) 집 안에 있는 **뜰**이나 꽃밭.
>
> 예문) 우리 집 [ ][ ] 은 넓어서 과일나무도 심을 수 있어.

교 庭
학교 校

> 뜻) 학교 안의 **뜰**.
>
> 예문) 수업 시작을 알리는 종소리가 [ ][ ] 에 울려 퍼졌다.

가 庭
집 家

> 뜻) 한 가족으로 이루어진 공동체나 그들이 생활하는 **집**.
>
> 예문) 일본 여행을 갔을 때 한 [ ][ ] 에 초대를 받았다.

법 庭
법 法

> 뜻) 법원이 절차에 따라 소송을 조사하고 처리하여 재판하는 **곳**.
>
> 예문) 재판이 이루어지는 [ ][ ] 에서는 조용히 해야 한다.

1 다음 글 안에 있는 한자의 뜻과 소리를 쓰세요.

庭원사는 매일 꽃과 나무에 물을 주고 잔디도 깎아요.

뜻 _____

소리 _____

2 밑줄 친 한자 어휘가 바르게 쓰인 문장을 고르세요. ( )

① 우리는 지하철을 타러 교정에 갔다.

② 화목한 가정에서 자랄 수 있게 해 주신 부모님께 감사해요.

③ 시골에만 있다가 정원으로 나가 보니 사람도 많고 길도 복잡했다.

3 다음 글을 읽고 견학 장소로 '법정'을 선택한 친구를 고르세요. ( )

우리는 진로 탐색을 위해 각자 견학할 곳을 정하기로 했다. 도연이는 대통령이 일하는 곳,
승호는 재판을 하는 곳, 유나는 비행기를 정비하는 곳에 가겠다고 했다.

① 도연   ② 승호   ③ 유나

어휘 추론!

도움말 다른 하나는 '뜻 정(情)'을 써요.

4 다음 문장을 읽고 밑줄 친 한자 어휘 속 '정'이 <보기>와 같은 뜻으로 쓰인 것에 ✔ 하세요.

보기

엄마는 가정 형편이 어려워서 대학에 가지 못하셨다.

☐ ① 엄마는 외할머니를 뵙기 위해 친정에 가셨다.

☐ ② 나와 지수는 우정이 깊어서 작은 일로는 다투지 않는다.

Day 16~20 다지기

1 다음 글 안에 있는 한자의 뜻과 소리를 쓰세요.

> 우리 교육청에서는 음악, 미술, 과학, 수학 등 각각의 분**野**에서 두**角**을 보이는 **英**재들을 모아 교육을 시키고 있습니다.

(1) **野** (   )   (2) **角** (   )

(3) **英** (   )

> 가**庭**의 달 5월을 맞아 저희 과수**園**에서는 매실을 20% 할인된 가격으로 판매합니다. 자세한 내용은 게시판을 참고해 주세요.

(4) **庭** (   )   (5) **園** (   )

2 빈칸에 들어갈 한자 어휘를 <보기>의 글자 카드에서 찾아 만들어 쓰세요.

보기

| 각 | 전 | 축 | 시 | 원 | 야 |

(1) 나와 짝꿍은 전교 일 등을 두고 ⬜⬜ 을/를 벌였어.

    ↳ 서로 이기려고 **다투며** 덤벼듦.

(2) 도시에 살다 ⬜⬜ 생활을 하니 몸과 마음이 여유로워졌어.

    ↳ 논과 **밭** 등이 많은 한적한 시골.

(3) 눈이 나빠서 잘 안 보였는데 안경을 썼더니 ⬜⬜ 이/가 밝아졌어.

    ↳ 눈으로 볼 수 있는 **범위**.

3 다음 뜻과 예문에 맞는 한자 어휘를 초성을 참고하여 쓰세요.

(1) | ㅎ | ㅇ |
- 뜻 꽃을 심은 동산.
- 예문 ○○에 핀 장미가 무척 아름답구나!

(2) | ㅈ | ㄱ |
- 뜻 두 직선이 만나서 이루는 90도의 각.
- 예문 선생님께 ○○으로 허리를 굽혀 인사했다.

(3) | ㄱ | ㅈ |
- 뜻 학교 안의 뜰.
- 예문 ○○을 걷다 보니 친구들과 선생님이 더 그리워.

(4) | ㅇ | ㅅ |
- 뜻 들 가까이의 나지막한 산.
- 예문 큰아버지는 ○○에서 나무를 해 와 땔감으로 쓰신다.

4 한자 어휘의 뜻을 읽어 보고 빈칸에 공통으로 들어갈 글자를 쓰세요.

- ☐특: 남달리 **뛰어나고** 훌륭함.
- ☐어: **영국**과 미국 등 세계적으로 가장 널리 쓰이는 언어.
- ☐웅: 재주와 용기가 **뛰어나** 보통 사람이 하기 어려운 일을 하는 사람.

(   )

5 다음 글을 읽고 밑줄 친 한자 어휘 중 '野'가 쓰인 것을 모두 찾아 쓰세요.

금요일 저녁, 우리 가족은 강원도 정선에 있는 <u>야영장</u>으로 출발했다. 금방 날이 어두워져 아빠는 <u>야광</u> 표지판을 따라 조심히 운전하셨다. 깜깜한 산길에 들어서자, 엄마는 <u>야생</u> 동물이 튀어나올 수도 있으니까 천천히 가야 한다고 말씀하셨다.

(,   )

05 배움·4

✦ 한자의 뜻과 소리를 읽어 보세요.

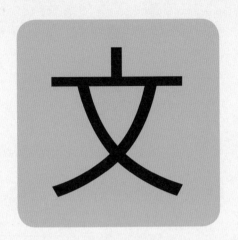

뜻 소리

글월 문

＊'글월'의 뜻이 있어요. '글월'은 글이나 문장을 말해요.

사람의 몸에 그린 글자나 그림의 모양을 본뜬 글자예요. 글, 서적과 관계된 뜻으로 확대되었어요.

✦ 한자 어휘를 소리 내 읽어 보고 빈칸에 한자 어휘를 쓰세요.

文 구
글귀 句

뜻 **글**의 구절. 🔵 글귀

예문 신발을 벗고 이용하라는 안내 ☐☐ 가 붙어 있었다.

文 단
층계 段

뜻 긴 **글**을 내용에 따라 나눌 때, 하나하나의 짧은 이야기 토막.

예문 이 글은 네 개의 ☐☐ 으로 짜여 있어.

文 맹
소경 盲

뜻 배우지 못하여 **글**을 읽거나 쓸 줄을 모름, 또는 그런 사람.

예문 국민들은 학교 교육을 받으면서 ☐☐ 에서 벗어났다.

文 맥
줄기 脈

뜻 서로 이어져 있는 **문장**의 앞뒤 의미 관계.

예문 글을 여러 번 읽은 뒤에야 겨우 ☐☐ 을 파악했다.

1 다음 글 안에 있는 한자의 뜻과 소리를 쓰세요.

> 하나의 **文**단에는 하나의 중심 내용이 담겨 있다.

(뜻) _____

(소리) _____

2 빈칸에 들어갈 한자 어휘를 <보기>에서 찾아 쓰세요.

> 보기
>
> | 문고 | 문맥 | 문맹 | 문화 |

(1) 우리나라는 과학적인 한글 덕분에 (　　　　　) 인구가 적은 편이다.

(2) '맛있는 배를 먹었다.'에서 '배'는 (　　　　　)상 '먹는 배'를 뜻해요.

3 밑줄 친 부분과 바꾸어 쓸 수 있는 한자 어휘에 ○ 하세요.

> 나는 마음에 드는 글의 구절을 발견하면 공책에 적어 놓는 습관이 있다.

문구　　　　　　문제　　　　　　문항

어휘추론!

도움말 다른 하나는 '물을 문(問)'을 써요.

4 다음 문장을 읽고 '文'이 쓰인 한자 어휘가 들어 있는 문장에 ✔ 하세요.

[　] ① 다음 문장을 문법에 맞게 고쳐 쓰세요.

[　] ② 할아버지께 아침마다 문안 인사를 드려요.

✦ 한자의 뜻과 소리를 읽어 보세요.

뜻 소리

글자 **자**

*'글자, 문자'의 뜻이 있어요.

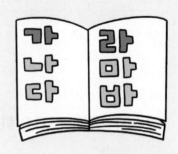

집(宀)에서 자식(子)들이 배우는 글자를 나타내요.

✦ 한자 어휘를 소리 내 읽어 보고 빈칸에 한자 어휘를 쓰세요.

문 字
글월 文

뜻 인간의 언어를 적는 데 사용하는 기호. **글자**.

예문 한글은 우리나라 고유의 [　][　]이다.

오 字
그르칠 誤

뜻 잘못 쓴 **글자**.

예문 글에 [　][　]가 너무 많아서 뜻을 이해하기 힘들다.

철 字
엮을 綴

뜻 자음과 모음을 맞추어 하나의 **글자**를 만드는 일.

예문 너무 급하게 글을 썼더니 [　][　]가 많이 틀렸다.

점 字
점 點

뜻 손가락으로 더듬어 읽도록 만든 시각 장애인용 **문자**.

예문 삼촌은 앞이 보이지 않아 [　][　]로 된 책을 읽는다.

1 다음 글 안에 있는 한자의 뜻과 소리를 쓰세요.

나는 하루에 한 번 외국에서 일하고 계신 아버지와 문**字** 메시지를 주고받는다.

뜻 _____

소리 _____

2 빈칸에 들어갈 한자 어휘를 찾아 선을 이으세요.

(1) ☐가 복잡한 낱말은 받아쓰기를 하는 게 어려워.   •

(2) 이 도서관에는 시각 장애인을 위한 ☐책이 많아요.   •

• ㉠ 점자

• ㉡ 철자

3 밑줄 친 부분과 바꾸어 쓸 수 있는 한자 어휘에 ○ 하세요.

국어 문제집을 풀다가 <u>잘못 쓴 글자</u>를 발견했어요.

박자   숫자   오자

어휘추론!

4 다음 한자 어휘 중 '字'가 쓰이지 <u>않은</u> 것에 ✓ 하세요.

☐ ① 자화자찬 ➡ 자기가 한 일을 스스로 자랑함.

☐ ② 사자성어 ➡ 한자 네 자로 이루어져 관용적으로 쓰이는 말.

☐ ③ 일자무식 ➡ 글자를 한 자도 모를 정도로 무식함, 또는 그런 사람.

월   일

✦ 한자의 뜻과 소리를 읽어 보세요.

 (뜻) (소리)

말씀 언

* '말씀(말), 말하다'의 뜻이 있어요.

입에서 소리가 퍼져 나가 말하는 것을 나타낸 글자예요.

✦ 한자 어휘를 소리 내 읽어 보고 빈칸에 한자 어휘를 쓰세요.

남길 遺

뜻   죽기 전에 **말**을 남김, 또는 그 **말**.

예문   할머니는 [   ][   ]을 남기지 못하고 돌아가셨다.

필 發

뜻   **말**을 하여 의견을 나타냄, 또는 그 **말**.

예문   토론할 때 [   ][   ]을 하려면 손을 들어야 한다.

도울 助

뜻   도움이 되도록 **말**로 거들거나 깨우쳐 줌, 또는 그런 **말**.

예문   선생님의 [   ][   ]대로 매일 일기를 써 보기로 했어.

베풀 宣

뜻   자신의 생각이나 입장을 분명하게 **말함**.

예문   아빠는 환경을 위해 채식을 [   ][   ]하셨다.

1 다음 글 안에 있는 한자의 뜻과 소리를 쓰세요.

> 어제 적절하지 못한 발**言**을 한 것에 대해 사과드립니다.

뜻 _____

소리 _____

2 빈칸에 '조언'이 들어갈 수 있는 문장을 고르세요. ( )

① 고민이 있어서 선생님께 _____을 구하러 갔어.

② 내 동생은 가족들 앞에서 다이어트를 하겠다고 _____을 했다.

③ '할배'는 강원도와 경상도에서 쓰는 _____으로, '할아버지'를 뜻해.

3 다음 뜻을 가진 한자 어휘를 초성을 참고하여 쓰세요.

(1) | 죽기 전에 말을 남김, 또는 그 말. | ㅇ | ㅇ

(2) | 자신의 생각이나 입장을 분명하게 말함. | ㅅ | ㅇ

4 밑줄 친 한자 어휘에 유의하여 다음 글을 읽고 바르게 말한 친구를 고르세요. ( )

> 나와 동생은 누가 그림을 더 잘 그리는지를 두고 <u>언쟁</u>을 벌였다. 나는 내가 색칠을 더 잘한다고 했고, 동생은 자기가 스케치를 더 잘한다고 했다. 결국 결론은 나지 않았다.

① 범준: '나'와 동생은 말로 다투었어.

② 유미: '나'와 동생은 격렬하게 몸싸움을 했어.

월   일

✦ 한자의 뜻과 소리를 읽어 보세요.

뜻 · 소리
말씀 어

* '말씀(말)'의 뜻이 있어요.

자신(吾)이 하는 말(言)을 나타낸 글자예요.

✦ 한자 어휘를 소리 내 읽어 보고 빈칸에 한자 어휘를 쓰세요.

용 語
쓸 用

뜻 어떤 분야에서 주로 사용하는 **말**.

예문 책을 읽을 때 어려운 [   ][   ]가 나오면 사전을 찾아봐.

語 조
고를 調

뜻 **말**에서 드러나는 감정이나 생각. 말소리의 높낮이.

예문 친구가 나에게 비꼬는 [   ][   ]로 말하면 기분이 나빠.

語 원
근원 源

뜻 어떤 **말**이 생겨난 바탕이나 처음 생겨났을 때의 모습.

예문 선생님께서 '추석'이라는 말의 [   ][   ]을 말씀해 주셨어.

語 휘
무리 彙

뜻 일정한 범위에서 쓰이는 **낱말**의 수, 또는 그런 **낱말** 전체.

예문 아직 어려서 말을 할 때 다양한 [   ][   ]를 사용하지 못해.

1 다음 글 안에 있는 한자의 뜻과 소리를 쓰세요.

책을 많이 읽어서 **語**휘력이 좋아지면 독해력도 좋아진다.

뜻 _____

소리 _____

2 빈칸에 들어갈 한자 어휘를 글자 카드에서 찾아 만들어 쓰세요.

(1) 아빠는 화가 나서서 높고 빠른 (   )
로 말씀하셨다.

| 수 | 어 | 조 |

(2) 이 사전에는 초등학생들이 알아 두면 좋은
(   )이/가 실려 있다.

| 어 | 용 | 주 |

3 밑줄 친 부분의 뜻을 가진 한자 어휘를 초성을 참고하여 쓰세요.

'도루묵'이라는 말이 생겨난 바탕이나 처음 생겨났을 때의 모습이 궁금
해서 인터넷 검색을 해 봤어.

| ㅇ | ㅇ |

어휘추론!

도움말 다른 하나는 '고기 잡을 어(漁)'를 써요.

4 다음 문장을 읽고 '語'가 쓰인 한자 어휘가 들어 있는 문장에 ✔ 하세요.

☐ ① 내가 약속을 안 지켜서 화난 어투로 말하는 거지?

☐ ② 비가 그치고 날씨가 맑아지자 어선들이 고기잡이에 나섰다.

✦ 한자의 뜻과 소리를 읽어 보세요.

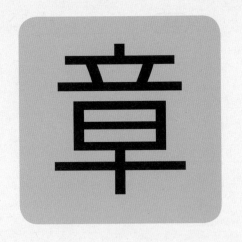

뜻 소리
글 장

*'글, 악곡이나 시조의 단락(장), 표시하다'의 뜻이 있어요. '시조'는 우리나라 고유의 시를 말해요.

한 묶음씩 끊어서 기록한 글을 나타낸 글자예요.

✦ 한자 어휘를 소리 내 읽어 보고 빈칸에 한자 어휘를 쓰세요.

문 章
글월 文

뜻 하나의 완결된 뜻을 나타내는, 말과 **글**을 이루는 기본 단위.

예문 글을 쓸 때 ▢▢을 너무 길게 쓰면 이해하기 힘들어.

초 章
처음 初

뜻 세 개의 장으로 나누어진 악곡이나 시조의 첫째 **장**.

예문 시조는 ▢▢, 중장, 종장으로 짜여 있다.

악 章
노래 樂

뜻 교향곡이나 협주곡처럼 작은 곡들이 모여서 큰 악곡이 되는 경우 그 하나하나의 **작은 곡**.

예문 이 곡은 다섯 개의 ▢▢으로 이루어져 있다.

완 章
팔뚝 腕

뜻 신분이나 지위 등을 **표시하기** 위해 팔에 두르는 띠.

예문 주장은 노란 ▢▢을 차고 경기를 했다.

1 다음 글 안에 있는 한자의 뜻과 소리를 쓰세요.

> 이 작품의 초**章**과 중**章**은 구조가 비슷해.

뜻 _____

소리 _____

2 다음 문장에 들어갈 한자 어휘에 ○ 하세요.

(1) 나는 베토벤 5번 교향곡 제3(악기 , 악장)을/를 가장 좋아한다.

(2) 다 쓴 글을 다시 읽으며 문법에 어긋난 (문장 , 문학)을 고쳐 썼다.

3 밑줄 친 부분의 뜻을 가진 한자 어휘에 ○ 하세요.

> <u>팔에 두른 띠</u>를 보면 누가 오늘 주장인지 알 수 있어.

도장   완장   포장

어휘추론!

4 다음 한자 어휘 중 '章'이 쓰인 것에 ✔ 하세요.

☐ ① 개장 ➡ 어떤 장소를 이용할 수 있도록 엶.

☐ ② 성장 ➡ 사람이나 동물 등이 자라서 점점 커짐.

☐ ③ 견장 ➡ 군인이나 경찰의 제복의 어깨에 붙여 직위나 계급을 표시하는 장식.

Day 21~25 다지기

1 다음 글 안에 있는 한자의 뜻과 소리를 쓰세요.

 엄마, 저 너무 속상해요. 학교에서 견학 보고서 쓰는 활동을 했는데, 선생님께서 틀린 용語도 많고 오字도 많아서 **文**맥이 매끄럽지 않다고 하시더라고요.

그랬구나. 오늘부터 책을 읽고 간단히 생각이나 느낌을 써 볼까? 짧은 문章 쓰기부터 시작해 보면 좋을 것 같은데!

 네, 엄마. 그럴게요. 조言 감사해요.

(1) 語 (   )   (2) 字 (   )

(3) 文 (   )   (4) 章 (   )

(5) 言 (   )

2 다음 뜻과 예문에 맞는 한자 어휘를 글자판에서 찾아 묶으세요.

① **뜻** 말에서 드러나는 감정이나 생각.
   예문 엄마는 부드러운 ○○로 타이르셨다.

② **뜻** 신분, 지위 등을 **표시하기** 위해 팔에 두르는 띠.
   예문 ○○을 두른 안내원이 호루라기를 불었다.

③ **뜻** 손가락으로 더듬어 읽도록 만든 시각 장애인용 문자.
   예문 엘리베이터 버튼에도 ○○가 표시되어 있다.

④ **뜻** 배우지 못하여 **글**을 읽거나 쓸 줄을 모름, 또는 그런 사람.
   예문 잘살고 발전한 나라일수록 ○○이 적다.

언	어	조	사
론	원	점	수
말	씀	자	완
문	맹	료	장

3 밑줄 친 한자 어휘가 <u>잘못</u> 쓰인 것을 고르세요. ( )

① 동생은 아직 한글을 잘 몰라서 자기 이름을 쓸 때 <u>철자</u>를 틀린다.

② 클래식 공연을 볼 때에는 모든 <u>악장</u>이 끝난 뒤에 박수를 쳐야 한다.

③ 요즘은 의학 기술이 발달해서 암도 일찍 <u>발언</u>하면 얼마든지 고칠 수 있다.

4 빈칸에 들어갈 한자 어휘를 <보기>에서 찾아 쓰세요.

> **보기**
>
> 문구   어원   어휘   유언

(1) 할머니의 묘는 할머니의 ( )에 따라 고향 마을에 모셨다.

(2) "침대는 과학입니다."라는 광고 ( )이/가 기억에 남는다.

(3) 외국어를 공부할 때 그 단어의 ( )을/를 알면 배우기 쉽다.

(4) '들입다'는 '세차게 마구.'라는 뜻으로, 국어사전에 실려 있는 ( )이다.

5 다음 글을 읽고 밑줄 친 한자 어휘 중 '文'이 쓰인 것을 모두 찾아 쓰세요.

> 우리 반은 각자 쓴 글을 모아 학급 <u>문집</u>을 만들기로 했다. 나는 가족 여행을 다녀온 뒤에 쓴 기행문을 골랐다. 선생님과 친구들에게 잘 썼다는 칭찬을 받았던 글이기 때문이다. 나는 글을 다시 읽으며 <u>문법</u>에 맞지 않는 부분이 있는지 확인했다. 잘 모르는 것은 선생님께 <u>질문</u>을 해서 고쳐 나갔다.

(,)

06 생활·4

✦ 한자의 뜻과 소리를 읽어 보세요.

뜻 소리

노래 가

* '노래'의 뜻이 있어요.

입을 벌려 큰 소리로 노래하는 모습을 나타낸 글자예요.

✦ 한자 어휘를 소리 내 읽어 보고 빈칸에 한자 어휘를 쓰세요.

歌 요
노래 謠

뜻 많은 사람들이 즐겨 부르는 **노래**.   비 대중가요

예문 요즘 어린이들은 동요보다 ☐☐ 를 즐겨 부른다.

歌 사
말 詞

뜻 **노래**의 내용이 되는 글.   비 노랫말

예문 그 가수는 자신이 쓴 곡에 ☐☐ 까지 붙여 불렀다.

축 歌
빌 祝

뜻 축하의 뜻을 담은 **노래**.

예문 우리는 선생님 결혼식에서 ☐☐ 를 부르기로 했어요.

교 歌
학교 校

뜻 학교를 상징하는 **노래**.

예문 형은 졸업식에서 마지막으로 ☐☐ 를 불렀다.

1 다음 글 안에 있는 한자의 뜻과 소리를 쓰세요.

이모 결혼식의 축**歌**는 정말 감동적이었다.

뜻 _____

소리 _____

2 빈칸에 들어갈 한자 어휘에 ○ 하세요.

(1) 라디오에서 옛날 ☐ 이/가 흘러나왔다.

| 가요 | 가면 |

(2) 음악 시간에 우리 학교 ☐ 을/를 처음 배웠다.

| 교가 | 교탁 |

3 밑줄 친 부분과 바꾸어 쓸 수 있는 한자 어휘에 ○ 하세요.

「모두 다 꽃이야」라는 동요의 <u>노랫말</u>이 정말 좋아요.

가곡   가무   가사

어휘추론!

도움말 다른 하나는 '집 가(家)'를 써요.

4 다음 문장을 읽고 '歌'가 쓰인 한자 어휘가 들어 있는 문장에 ✔ 하세요.

☐ ① 음악 시간에 <u>가창</u> 시험을 봤어요.

☐ ② 직접 조립해서 쓰는 <u>가구</u>를 샀어요.

✦ 한자의 뜻과 소리를 읽어 보세요.

뜻 **농사**   소리 **농**

*'농사'의 뜻이 있어요

농기구로 밭을 갈며 농사짓는 모습을 나타낸 글자예요.

✦ 한자 어휘를 소리 내 읽어 보고 빈칸에 한자 어휘를 쓰세요.

農 경 밭 갈 耕	뜻	**농사**를 짓는 일. 비 농작
	예문	철제 농기구가 보급되면서 ⬜⬜ 기술이 발달하였다.

農 장 마당 場	뜻	넓은 땅과 시설을 갖추고 **농사**를 짓거나 가축을 기르는 곳.
	예문	우리 할머니 ⬜⬜ 에서는 닭과 돼지를 기른다.

農 산 물 낳을 産 물건 物	뜻	쌀, 채소, 과일 등 **농사**를 지어서 얻은 물건.
	예문	장마 때문에 ⬜⬜⬜ 의 가격이 올랐다.

農 번 기 번성할 繁 기약할 期	뜻	**농사**일이 매우 바쁜 시기.
	예문	⬜⬜⬜ 가 되어 농부들이 바쁘다.

1 다음 글 안에 있는 한자의 뜻과 소리를 쓰세요.

딸기 **農**장에서 딸기 따기 체험을 했어요.

뜻 _____

소리 _____

2 빈칸에 들어갈 한자 어휘를 찾아 선을 이으세요.

(1) 넓은 ☐☐에서 소들이 풀을 뜯고 있었다. •

• ㉠ 농경

(2) ☐☐ 사회가 시작되면서 사람들이 모여 살았다. •

• ㉡ 농장

3 다음 뜻을 가진 한자 어휘를 초성을 참고하여 쓰세요.

(1) 농사일이 매우 바쁜 시기.

| ㄴ | ㅂ | ㄱ |

(2) 쌀, 채소, 과일 등 농사를 지어서 얻은 물건.

| ㄴ | ㅅ | ㅁ |

어휘추론!

도움말 다른 하나는 '짙을 농(濃)'을 써요.

4 다음 문장을 읽고 '農'이 쓰인 한자 어휘가 들어 있는 문장에 ✓ 하세요.

☐ ① 이 주스는 과즙의 <u>농도</u>가 진해요.

☐ ② 농부들은 겨울철 <u>농한기</u>에 다음 해 농사를 준비해요.

✦ 한자의 뜻과 소리를 읽어 보세요.

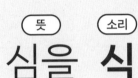

뜻 심을　소리 식

* '심다'의 뜻이 있어요.
* '약하다'의 뜻도 있어요.

나무(木)를 심는 것을 나타낸 글자예요.

✦ 한자 어휘를 소리 내 읽어 보고 빈칸에 한자 어휘를 쓰세요.

植 물
물건 物

> 뜻 풀, 나무와 같이 주로 흙에 **심겨** 스스로 움직일 수 없는 생명체.
>
> 예문 생물은 크게 동물, ☐☐, 미생물로 나뉜다.

이 植
옮길 移

> 뜻 식물 등을 옮겨 **심는** 일. 몸의 일부 조직이나 몸속 기관을 옮겨 붙이는 일.
>
> 예문 산에서 자라던 나무 한 그루를 집 마당에 ☐☐을 했다.

植 목 일
나무 木　　날 日

> 뜻 나무를 많이 **심도록** 권장하기 위해 정한 기념일.
>
> 예문 4월 5일은 ☐☐☐이에요.

植 민 지
백성 民　　땅 地

> 뜻 힘이 **약해** 힘이 센 다른 나라의 지배를 받는 나라.
>
> 예문 인도는 과거에 영국의 ☐☐☐였다.

* 이 어휘에서는 '약하다'의 뜻으로 써요.

1 다음 글 안에 있는 한자의 뜻과 소리를 쓰세요.

오늘 산에서 처음 본 꽃을 **植**물도감에서 찾아보았어요.

(뜻) _____

(소리) _____

2 빈칸에 들어갈 한자 어휘를 초성을 참고하여 쓰세요.

□ 시대에는 많은 사람들이 독립운동에 뛰어들었다.

ㅅ	ㅁ	ㅈ

3 밑줄 친 부분의 뜻을 가진 한자 어휘에 ○ 하세요.

(1) 할아버지는 다른 사람의 장기를 할아버지 몸속으로 옮겨 붙이는 수술을 받으셨다.

이사

이식

(2) 오늘은 나무를 많이 심도록 권장하기 위해 정한 기념일이라서 정원에 나무를 심었어요.

식목일

현충일

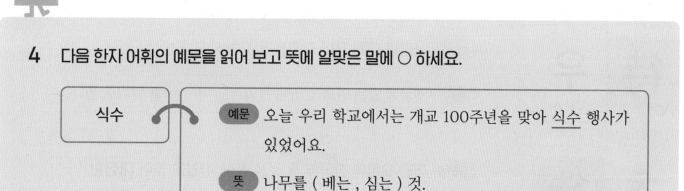

4 다음 한자 어휘의 예문을 읽어 보고 뜻에 알맞은 말에 ○ 하세요.

식수

예문 오늘 우리 학교에서는 개교 100주년을 맞아 <u>식수</u> 행사가 있었어요.

뜻 나무를 (베는 , 심는) 것.

월   일

✦ 한자의 뜻과 소리를 읽어 보세요.

뜻   소리
기다릴 대

* '기다리다'의 뜻이 있어요.
* '대하다, 대접하다'의 뜻도 있어요.

어딘가로 가기(彳) 위해 기다리는 것을 나타낸 글자예요.

✦ 한자 어휘를 소리 내 읽어 보고 빈칸에 한자 어휘를 쓰세요.

 待 기
틀 機

뜻 어떤 때나 기회를 **기다림**.

예문 비행기를 타려고 공항에서 ☐☐ 했다.

 待 피
피할 避

뜻 위험을 피해 잠깐 안전한 곳으로 가 **기다림**. 비 피신

예문 안전한 곳으로 ☐☐ 하세요.

待 우
만날 遇

뜻 사람을 **대하거나** 다루는 일정한 태도나 방식.

예문 옛날에 딸은 아들에 비해 차별 ☐☐ 를 받기도 했다.

* 이 어휘에서는 '대하다'의 뜻으로 써요.

초 待
부를 招

뜻 어떤 모임에 참가해 줄 것을 청함. 사람을 불러 **대접함**.

예문 학교 행사에 부모님을 ☐☐ 했다.

* 이 어휘에서는 '대접하다'의 뜻으로 써요.

1 다음 글 안에 있는 한자의 뜻과 소리를 쓰세요.

오늘 학교에서 지진 **待**피 훈련을 했어요.

(뜻) _____

(소리) _____

2 빈칸에 들어갈 한자 어휘에 ○ 하세요.

민후야, 안녕? 내일은 내 생일이야. 그래서 너를 [⬚]하고 싶어. 네가 오면 정말 기쁠 것 같아. 내일 3시에 우리 집으로 오면 돼.

너의 친구 지수가

교대   반대   초대

3 다음 한자 어휘의 알맞은 뜻에 ○ 하세요.

(1) | 대기 | 어떤 때나 기회를 (기다림 , 놓침).

(2) | 대우 | 사람을 (구하거나 , 대하거나) 다루는 일정한 태도나 방식.

어휘추론!

도움말 다른 하나는 '큰 대(大)'를 써요.

4 다음 문장을 읽고 '待'가 쓰인 한자 어휘가 들어 있는 문장에 ✓ 하세요.

[ ] ① 팀원들은 대장의 말에 따라 잠시 쉬었다 가기로 했다.

[ ] ② 시골에 계신 할머니 댁에 가려고 대합실에서 기차를 기다렸어요.

✦ 한자의 뜻과 소리를 읽어 보세요.

뜻 소리

통할 통

* '통하다, 오가다'의 뜻이 있어요.

터널을 지나가는 자동차처럼 막힘없이
통하는 것을 나타낸 글자예요.

✦ 한자 어휘를 소리 내 읽어 보고 빈칸에 한자 어휘를 쓰세요.

通 과
지날 過

뜻 어떤 장소나 때를 **통하여** 지나감. 검사, 시험 등에서 인정받거나 합격함.

예문 할머니 댁에 가려면 터널을 여러 번 ☐☐ 해야 해.

通 화
말씀 話

뜻 전화를 **통해** 말을 주고받음.

예문 수업 중이니까 밖에서 조용히 ☐☐ 를 해 주세요.

소 通
소통할 疏

뜻 막히지 않고 잘 **통함**. 뜻이 서로 통하여 오해가 없음.

예문 출퇴근 시간에는 차량 ☐☐ 이 원활하지 못하다.

通 학
배울 學

뜻 집에서 학교까지 **오가며** 다님.

예문 오빠는 학교까지 한 시간을 매일 걸어서 ☐☐ 했다.

1 다음 글 안에 있는 한자의 뜻과 소리를 쓰세요.

> 나와 에밀리는 피부색도 다르고 언어도 달랐지만, 의사 소**通**에는 문제가 없었다.

뜻 _____

소리 _____

2 빈칸에 들어갈 한자 어휘를 찾아 선을 이으세요.

(1) 우리 언니는 대학 입학 시험을 [ ]했어.   •   • ㉠ 통과

(2) 전학 간 친구가 보고 싶어서 영상 [ ]를 했어.   •   • ㉡ 통화

3 밑줄 친 부분의 뜻을 가진 한자 어휘에 ○ 하세요.

> 집에서 학교까지 오가는 버스에 사람이 너무 많아서 걸어왔다.

통로   통일   통학

어휘 추론!

도움말 다른 하나는 '아플 통(痛)'을 써요.

4 다음 문장을 읽고 '通'이 쓰인 한자 어휘가 들어 있는 문장에 ✓ 하세요.

[ ] ① 운동하다가 넘어져서 생긴 상처에 통증이 심해져서 병원에 갔다.

[ ] ② 한옥은 가운데에 마루가 있고 창문이 창호지로 되어 있어서 통풍이 잘된다.

1 다음 글 안에 있는 한자의 뜻과 소리를 쓰세요.

> 지난주에 나와 제일 친한 친구인 승우가 이사를 갔다. 승우는 어떤 노래의 **歌**사처럼 아무 이유 없이 좋은 친구였다. 나는 문득 승우가 보고 싶어서 승우에게 전화를 걸었다. 우리는 무척 즐겁게 **通**화를 했다. 승우는 이번 주말인 **植**목일에 나를 자신의 집에 **초待**했다. 승우네 집 옆에 주말**農**장이 있는데, 함께 가고 싶다고 했다. 빨리 주말이 되어서 승우를 만나고 싶다.

(1) 歌 (   )   (2) 通 (   )

(3) 植 (   )   (4) 待 (   )

(5) 農 (   )

2 다음 뜻과 예문에 맞는 한자 어휘를 글자판에서 찾아 묶으세요.

① 뜻 학교를 상징하는 **노래**.
  예문 전교생이 모여 ○○를 불렀다.

② 뜻 집에서 학교까지 **오가며** 다님.
  예문 집이 학교 근처라 ○○이 편리하다.

③ 뜻 사람을 **대하거나** 다루는 일정한 태도나 방식.
  예문 우리 가게의 단골손님에게는 특별한 ○○를 해 드립니다.

④ 뜻 힘이 **약해** 힘이 센 다른 나라의 지배를 받는 나라.
  예문 조선은 일본의 ○○○가 되었다.

존	대	우	정
교	장	수	통
가	치	구	학
식	민	지	장

3 한자 어휘의 뜻을 읽어 보고 빈칸에 공통으로 들어갈 글자를 쓰세요.

• 소☐: 막히지 않고 잘 **통함**.

• ☐풍: 바람이 **통함**, 또는 그렇게 함.

• ☐과: 어떤 장소나 때를 **통하여** 지나감.

(   )

4 <보기>의 글자 카드에서 알맞은 글자를 찾아 한자 어휘를 완성하세요.

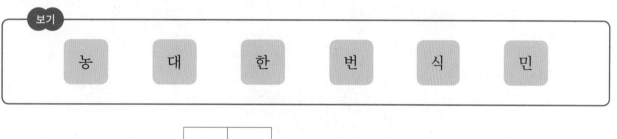

보기

| 농 | 대 | 한 | 번 | 식 | 민 |

(1) 화재가 나면 계단으로 ☐ **피** 를 하는 것이 좋아요.

(2) 학생들은 ☐ ☐ **기** 에 바쁜 농민들을 도우러 농촌으로 갔다.

(3) 도로 공사 때문에 뽑힌 나무들을 공원으로 **이** ☐ 을/를 하기로 했다.

5 다음 글을 읽고 밑줄 친 한자 어휘 중 '歌'가 쓰인 것을 찾아 쓰세요.

오늘 우리 <u>가족</u>은 함께 월드컵 축구 경기를 보았다. 우리는 <u>국가</u>를 대표해서 열심히 뛰는 우리나라 선수들을 응원했다. 나와 내 동생은 <u>응원가</u>도 부르면서 열심히 응원했다.

(   )

07 움직임·3

✦ 한자의 뜻과 소리를 읽어 보세요.

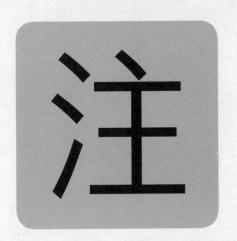

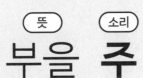

부을 주

* '붓다'의 뜻이 있어요.
* '마음을 쓰다'의 뜻도 있어요.

힘을 다해 물(氵)을 부어 넣는 것을 나타낸 글자예요.

✦ 한자 어휘를 소리 내 읽어 보고 빈칸에 한자 어휘를 쓰세요.

注 입
들 入

뜻 흘러 들어가도록 **부어** 넣음.

예문 자전거 바퀴에 공기를 ☐☐ 하였다.

注 유
기름 油

뜻 자동차 등에 기름을 **부어** 넣음.

예문 차에 기름이 얼마 남지 않아서 ☐☐ 를 하러 갔다.

注 의
뜻 意

뜻 **마음을 써서** 조심함.    부주의

예문 ☐☐ 사항은 설명서를 읽어 보세요.

* 이 어휘에서는 '마음을 쓰다'의 뜻으로 써요.

注 시
볼 視

뜻 어떤 대상을 **마음을 써서** 집중하여 봄.   비 응시

예문 엄마는 아기가 넘어질까 봐 계속 ☐☐ 하고 있었다.

* 이 어휘에서는 '마음을 쓰다'의 뜻으로 써요.

1 다음 글 안에 있는 한자의 뜻과 소리를 쓰세요.

> 동생은 한참 동안 개미의 움직임을 **注**시하고 있었다.

뜻 _____

소리 _____

2 빈칸에 들어갈 한자 어휘에 ○ 하세요.

> 눈이 많이 와서 길이 미끄러우니까 운전할 때 [   ]하세요.

주의   토의   항의

3 밑줄 친 부분의 뜻을 가진 한자 어휘를 찾아 선을 이으세요.

(1) 이 물총은 물을 <u>부어 넣을</u> 수 있는 구멍이 무척 크다. •   • ㉠ 주유

(2) 아빠는 한 달에 세 번 정도 차에 기름을 <u>부어 넣는다</u>. •   • ㉡ 주입

어휘 추론!

도움말 다른 하나는 '주인 주(主)'를 써요.

4 다음 문장을 읽고 '注'가 쓰인 한자 어휘가 들어 있는 문장에 ✓ 하세요.

[ ] ① 이 자전거의 <u>주인</u>은 승환이에요.

[ ] ② 간호사가 <u>주사기</u>에 약물을 넣었어요.

✦ 한자의 뜻과 소리를 읽어 보세요.

뜻 소리

필 발

* '피다, 쏘다, 일어나다'의 뜻이 있어요.

꽃이 활짝 피거나 화살을 쏘는 것을 나타낸 글자예요.

✦ 한자 어휘를 소리 내 읽어 보고 빈칸에 한자 어휘를 쓰세요.

만 發
찰滿

뜻 꽃이 활짝 다 **핌**. 🔵 만개

예문 길가에 하얀 목련꽃이 ☐☐ 해 있어요.

發 사
쏠射

뜻 활, 총, 대포, 로켓 등을 **쏘는** 일.

예문 우리나라도 로켓 ☐☐ 에 성공한 나라 중 하나이다.

發 생
날生

뜻 어떤 일이 **일어나거나** 사물이 생겨남.

예문 안전사고 ☐☐ 위험이 있는지 살펴보았다.

재 發
두再

뜻 다시 발생함, 또는 다시 **일어남**.

예문 병의 ☐☐ 을 막기 위해 열심히 운동했다.

1 다음 글 안에 있는 한자의 뜻과 소리를 쓰세요.

> 사건의 재**發**을 막기 위해 여러 사람이 힘을 모았다.

뜻 _____

소리 _____

2 빈칸에 들어갈 한자 어휘를 <보기>에서 찾아 쓰세요.

보기

| 발급 | 발사 | 발생 | 발송 |

(1) 자율 방범대원들 덕분에 사고 (   ) 건수가 크게 줄었다.

(2) 병사들은 장군의 대포 (   ) 명령이 떨어지기만을 기다렸다.

3 한자 어휘의 뜻을 <u>잘못</u> 말한 친구를 고르세요. (   )

> 정안: '만발'은 꽃이 다 졌다는 뜻이야.
>
> 리호: '발생'은 어떤 일이 일어나거나 사물이 생겨나는 것을 뜻해.
>
> 예은: '발사'는 활, 총, 대포, 로켓 등을 쏘는 일을 뜻하는 낱말이야.

① 정안   ② 리호   ③ 예은

4 다음 한자 어휘 중 '發'이 쓰인 것에 ✔ 하세요.

[ ] ① 선발 ➡ 많은 가운데서 골라 뽑음.

[ ] ② 기발 ➡ 놀라울 정도로 재치가 있고 뛰어남.

[ ] ③ 백발백중 ➡ 백 번 쏘아 백 번 맞힌다는 뜻으로, 총이나 활 등을 쏠 때마다 원하는 곳에 다 맞음을 이르는 말.

✦ 한자의 뜻과 소리를 읽어 보세요.

뜻   소리
나타날 현

*'나타나다, 현재'의 뜻이 있어요.

눈앞에 친구가 나타난 것처럼 무언가가
나타나는 것을 표현한 글자예요.

✦ 한자 어휘를 소리 내 읽어 보고 빈칸에 한자 어휘를 쓰세요.

출 現
날 出

> 뜻   없었거나 숨겨져 있던 것이 **나타남**.

> 예문   마을에 곰이 ☐☐ 해 소동이 일어났다.

現 금
쇠 金

> 뜻   **현재** 가지고 있는 돈.   비 현찰

> 예문   ☐☐ 이 없어서 친구에게 빌려주지 못했다.

現 장
마당 場

> 뜻   사물이 **현재** 있는 곳. 일이 생긴 그 자리.   비 현지

> 예문   보물이 묻혀 있다는 ☐☐ 으로 곧바로 달려갔다.

現 황
상황 況

> 뜻   **현재**의 상황.

> 예문   산불 피해 ☐☐ 을 조사하였다.

1 다음 글 안에 있는 한자의 뜻과 소리를 쓰세요.

> 現금이 부족해서 공책을 사지 못했다.

(뜻) _____

(소리) _____

2 밑줄 친 한자 어휘가 잘못 쓰인 문장을 고르세요. (   )

① 구급대원들은 이미 사고 현장에 도착해 있었다.

② 해외여행 중에는 특히 여권을 출현하지 않도록 조심해야 한다.

③ 직원들은 상품의 판매 현황을 파악한 후 판매 계획을 새로 세웠다.

3 다음 한자 어휘의 알맞은 뜻에 ○ 하세요.

(1) | 현황 | (과거 , 현재)의 상황.

(2) | 출현 | 없었거나 숨겨져 있던 것이 (나타남 , 사라짐).

어휘추론!

도움말 다른 하나는 '어질 현(賢)'을 써요.

4 다음 문장을 읽고 밑줄 친 한자 어휘 속 '현'이 <보기>와 같은 뜻으로 쓰인 것에 ✓ 하세요.

> 보기
>
> 멸종 위기에 처한 새가 살고 있다는 현장을 찾았다.

☐ ① 사고가 나서 교통 정체 현상이 심하다.

☐ ② 회장은 학급에서 일어난 모든 일을 현명하게 처리했다.

✦ 한자의 뜻과 소리를 읽어 보세요.

뜻 | 소리
사라질 소

* '사라지다, 없애다'의 뜻이 있어요.
* '끄다'의 뜻도 있어요.

물(氵)이 줄어들어 사라지는 것을 나타낸 글자예요.

✦ 한자 어휘를 소리 내 읽어 보고 빈칸에 한자 어휘를 쓰세요.

消 독
독 毒

뜻 병에 걸리는 것을 막기 위해 균을 **사라지게** 하는 일.

예문 수돗물은 [　　] 과정을 거쳤기 때문에 안전하다.

消 멸
꺼질 滅

뜻 **사라져** 없어짐.

예문 태풍은 내일쯤 [　　] 될 것으로 보입니다.

消 비
쓸 費

뜻 돈, 물건, 시간, 노력 등을 써서 **없앰.** 비 소모

예문 에너지 [　　] 를 줄이면 환경에 도움이 된다.

消 방
막을 防

뜻 불을 막거나 **끔.**

예문 불이 났을 때를 대비하여 [　　] 안전 교육을 실시한다.

* 이 어휘에서는 '끄다'의 뜻으로 써요.

1　다음 글 안에 있는 한자의 뜻과 소리를 쓰세요.

消방차가 사이렌을 울리며 지나갔다.

뜻 _____

소리 _____

2　빈칸에 들어갈 한자 어휘를 초성을 참고하여 쓰세요.

(1) 상처가 나면 덧나지 않도록 [　　]을/를 해야 한다.

ㅅ | ㄷ

(2) 전염병이 유행하면서 일회용품 [　　]이/가 크게 늘어났다.

ㅅ | ㅂ

3　밑줄 친 부분의 뜻을 가진 한자 어휘에 ○ 하세요.

지구에서 공룡이 <u>사라져 없어진</u> 까닭은 무엇일까?

소개　　　　　소멸　　　　　소속

4　밑줄 친 한자 어휘에 유의하여 다음 글을 읽고 바르게 말한 친구를 고르세요.　（　　　）

이 건물은 사람들이 다 빠져나간 후 밤 10시에 <u>소등</u>을 한다.

① **영규**: 이 건물은 밤 10시에 불을 끄는구나.

② **혜진**: 이 건물은 밤 10시에 불을 켜는구나.

월   일

✦ 한자의 뜻과 소리를 읽어 보세요.

뜻   소리

옮길 운

* '옮기다, 움직이다'의 뜻이 있어요.
* '운수'의 뜻도 있어요.

물건을 들고 옮겨 가는(辶) 것을 나타낸 글자예요.

✦ 한자 어휘를 소리 내 읽어 보고 빈칸에 한자 어휘를 쓰세요.

運 반
옮길 搬

뜻 물건 등을 **옮겨** 나름.

예문 깨지기 쉬운 그릇은 ☐☐ 할 때 조심해야 한다.

運 영
경영할 營

뜻 조직이나 기구, 사업체 등을 **움직이고** 이끌어 나감.

예문 아빠는 조그만 회사를 ☐☐ 하신다.

運 행
다닐 行

뜻 정해진 길을 따라 자동차나 열차 등이 **움직여** 다님.

예문 기차 ☐☐ 시간을 확인하고 탔다.

불 運
아닐 不

뜻 **운수**가 좋지 않음, 또는 그런 **운수**.

예문 배탈도 나고 지갑도 잃어버렸어. ☐☐ 이 계속되네.

* 이 어휘에서는 '운수'의 뜻으로 써요.

1 다음 글 안에 있는 한자의 뜻과 소리를 쓰세요.

> 물건들을 상자에 담아 **運**반했다.

뜻 _____

소리 _____

2 다음 문장에 들어갈 한자 어휘에 ○ 하세요.

(1) 늦은 밤에는 대중교통을 (운동 , 운행)하지 않아요.

(2) 할머니는 오래전부터 한식당을 (운영 , 운항)하고 계신다.

3 다음 뜻을 가진 한자 어휘를 <보기>에서 찾아 쓰세요.

보기

불운	운명	운반	운영

(1) 물건 등을 옮겨 나름.　　　　　　　　　　(　　　　)

(2) 운수가 좋지 않음, 또는 그런 운수.　　　(　　　　)

어휘추론!

4 다음 한자 어휘 중 '運'이 쓰이지 <u>않은</u> 것에 ✔ 하세요.

☐ ① 행운 ➤ 좋은 운수, 또는 행복한 운수.

☐ ② 운전 ➤ 기계나 자동차 등을 움직여 부림.

☐ ③ 운집 ➤ 구름처럼 모인다는 뜻으로, 많은 사람이 모여듦을 이르는 말.

1 다음 글 안에 있는 한자의 뜻과 소리를 쓰세요.

> 지난해 장마로 인해 전국 곳곳에 큰 피해가 **發**생했습니다. 올해는 이런 불**運**한 일이 일어나지 않도록 물막이판과 같은 시설을 설치하고 있습니다. 관련 기관은 설치 **現**황을 점검하는 등 침수 방지를 위해 노력하고 있습니다. 이번 달 말부터 장마 전선이 올라와 우리나라에 많은 비를 퍼붓고 **消**멸된다고 합니다. 장마로 인한 피해를 최소화할 수 있도록 우리 모두가 **注**의해야 하겠습니다.

(1) **發** (   )   (2) **運** (   )

(3) **現** (   )   (4) **消** (   )

(5) **注** (   )

2 빈칸에 들어갈 한자 어휘를 <보기>의 글자 카드에서 찾아 만들어 쓰세요.

> 보기
>
> | 운 | 만 | 소 | 반 | 발 | 독 |

(1) 산에 개나리와 진달래가 ⬜⬜ 하였다.
↳ 꽃이 활짝 다 **핌**.

(2) 벌은 꽃가루를 ⬜⬜ 하는 역할을 한다.
↳ 물건 등을 **옮겨** 나름.

(3) 아기들이 사용하는 기저귀와 젖병은 삶아서 ⬜⬜ 해야 한다.
↳ 병에 걸리는 것을 막기 위해 균을 **사라지게** 하는 일.

3 뜻풀이에 맞는 한자 어휘를 찾아 선을 이으세요.

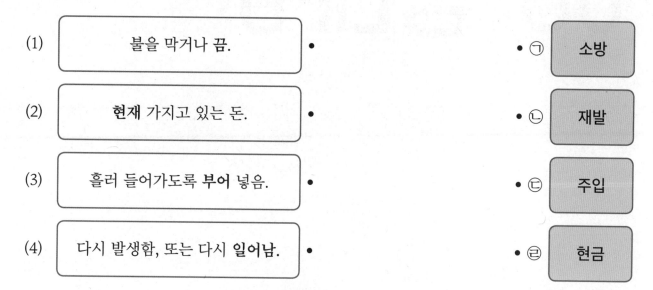

(1) 불을 막거나 끔. •

(2) **현재** 가지고 있는 돈. •

(3) 흘러 들어가도록 **부어** 넣음. •

(4) 다시 발생함, 또는 다시 **일어남**. •

• ㉠ 소방

• ㉡ 재발

• ㉢ 주입

• ㉣ 현금

4 빈칸에 들어갈 한자 어휘를 <보기>에서 찾아 쓰세요.

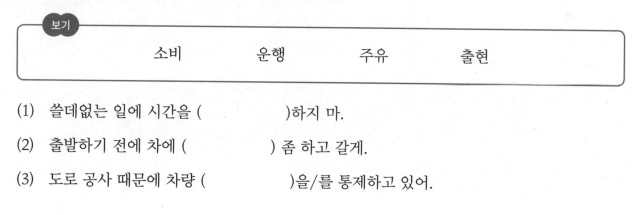

보기
소비   운행   주유   출현

(1) 쓸데없는 일에 시간을 (   )하지 마.

(2) 출발하기 전에 차에 (   ) 좀 하고 갈게.

(3) 도로 공사 때문에 차량 (   )을/를 통제하고 있어.

5 다음 문장을 읽고 '發'이 쓰인 한자 어휘가 들어 있는 문장을 모두 고르세요. (,   )

① 산불은 자연적으로 <u>발화</u>되는 경우도 많다.

② 연예인들은 다양한 모습을 보여 주기 위해 가끔 <u>가발</u>을 쓴다.

③ 우리나라 양궁 선수가 <u>백발백중</u>의 활 솜씨로 사람들을 놀라게 했다.

08 상태·6

지난주의 한자 배운 한자를 떠올리며 빈칸에 뜻과 소리를 쓰세요.

注　　發　　現　　消　　運

✦ 한자의 뜻과 소리를 읽어 보세요.

近

뜻 소리
가까울 근

*'가깝다, 요즈음'의 뜻이 있어요.

짧고 가까운 거리를 가는(辶) 것을 나타낸 글자예요.

✦ 한자 어휘를 소리 내 읽어 보고 빈칸에 한자 어휘를 쓰세요.

近방
모 方

뜻 **가까운** 곳. 비 근처

예문 우리 집 [ ][ ] 에는 편의점이 많다.

접近
이을 接

뜻 **가까이** 다가감.

예문 야생 동물의 [ ][ ] 을 막기 위해 울타리를 쳐 놓았다.

친近감
친할 親   느낄 感

뜻 사이가 매우 **가까운** 느낌. 비 친밀감

예문 너를 처음 만났는데 [ ][ ][ ] 이 느껴져.

近황
상황 況

뜻 **요즈음**의 상황.

예문 오랜만에 만난 친구에게 [ ][ ] 을 물었다.

1 다음 글 안에 있는 한자의 뜻과 소리를 쓰세요.

사납게 보이는 개에게 용감하게 접**近**하였다.

뜻 _____

소리 _____

2 다음 그림을 보고 문장에 들어갈 한자 어휘에 ○ 하세요.

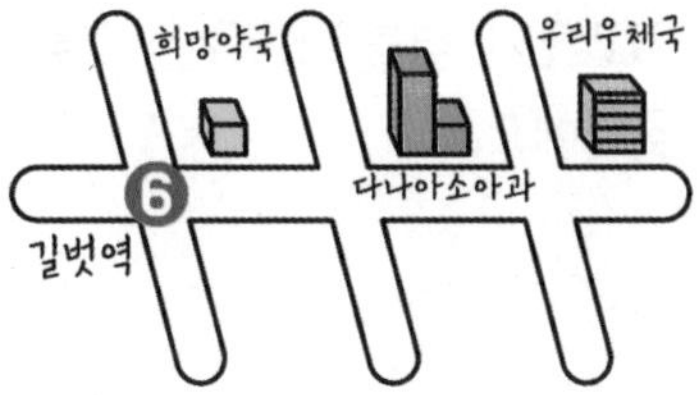

길벗역 (근방 , 사방)에는 약국이 있다.

3 밑줄 친 부분의 뜻을 가진 한자 어휘에 ○ 하세요.

(1) 오랜만에 만난 짝에게 <u>요즈음의 상황</u>을 물었다.

근황 | 방황

(2) 사회자는 <u>가까운 느낌</u>이 드는 목소리로 말했다.

안정감 | 친근감

어휘 추론!

도움말 다른 하나는 '부지런할 근(勤)'을 써요.

4 다음 문장을 읽고 '近'이 쓰인 한자 어휘가 들어 있는 문장에 ✓ 하세요.

☐ ① 오늘은 엄마가 야간 <u>근무</u>를 하시는 날이다.

☐ ② 삼촌은 서울 <u>근교</u>에 있는 회사에 다니신다.

✦ 한자의 뜻과 소리를 읽어 보세요.

遠

뜻   소리
멀   원

* '멀다'의 뜻이 있어요.

길고 먼 거리를 가는(辶) 것을 나타낸 글자예요.

✦ 한자 어휘를 소리 내 읽어 보고 빈칸에 한자 어휘를 쓰세요.

遠 정
칠 征

> 뜻   **먼** 곳으로 전쟁이나 운동 경기, 연구, 조사 등을 하러 감.
>
> 예문   야구 대표 팀이 중국으로 ☐ ☐ 경기를 하러 갔다.

遠 격
사이 뜰 隔

> 뜻   **멀리** 떨어져 있음.
>
> 예문   ☐ ☐ 으로 드론을 조종하고 있어요.

遠 거 리
상거할 距   떠날 離

> 뜻   **먼** 거리.   🔵 장거리
>
> 예문   ☐ ☐ ☐ 를 이동하느라 몹시 피곤해.

망 遠 경
바랄 望   거울 鏡

> 뜻   **멀리** 있는 물체를 크고 분명하게 볼 수 있게 만든 기구.
>
> 예문   ☐ ☐ ☐ 으로 북한 땅을 바라보았다.

1 다음 글 안에 있는 한자의 뜻과 소리를 쓰세요.

> 망**遠**경으로 밤하늘의 별을 관찰하였다.

뜻 _____

소리 _____

2 빈칸에 '원정'이 들어갈 수 있는 문장을 모두 고르세요. (,   )

① _____에서 승리하고 돌아온 병사들은 몹시 지쳐 보였다.

② 회사에 계신 아빠가 _____으로 집에 있는 컴퓨터를 고쳐 주셨다.

③ 형은 자신이 좋아하는 축구팀이 지방으로 _____을 갈 때마다 따라간다.

3 다음 뜻을 가진 한자 어휘에 ○ 하세요.

(1) | 먼 거리. | | 근거리 ┊ 원거리

(2) | 멀리 떨어져 있음. | | 간격 ┊ 원격

도움말 다른 하나는 '인원 원(員)'을 써요.

4 다음 문장을 읽고 '遠'이 쓰인 한자 어휘가 들어 있는 문장에 ✔ 하세요.

☐ ① 합창단 단원을 모집한다는 광고를 보았다.

☐ ② 할아버지는 원시가 있으셔서 신문을 멀리 두고 읽으신다.

✦ 한자의 뜻과 소리를 읽어 보세요.

뜻   소리

이길 승

*'이기다'의 뜻이 있어요

친구와 가위바위보를 해서 이겼네요.
이 글자는 힘써(力) 노력하여 이기는
것을 나타내요.

✦ 한자 어휘를 소리 내 읽어 보고 빈칸에 한자 어휘를 쓰세요.

勝 리
이로울 利

뜻   겨루어서 **이김**.   반 패배

예문   피구 경기는 우리 반의 [ ][ ]로 끝났다.

勝 점
점 點

뜻   운동 경기 등에서 **이기고** 짐에 따라 계산하여 받는 점수.

예문   예선전이 끝난 결과, 우리나라가 [ ][ ]이 가장 높다.

다 勝
많을 多

뜻   운동 경기 등에서 여러 번 **이김**.

예문   그 투수는 올해 20승을 하여 [ ][ ] 부문에서 1위를 했다.

완 勝
완전할 完

뜻   완전하게 **이김**.   반 완패

예문   배드민턴 경기에서 3대 0으로 [ ][ ]을 거두었다.

1 다음 글 안에 있는 한자의 뜻과 소리를 쓰세요.

> 다**勝**을 올린 팀이 결승전에 진출한다.

뜻 _____

소리 _____

2 밑줄 친 한자 어휘가 바르게 쓰인 문장을 고르세요. ( )

① 골키퍼의 활약으로 <u>승점</u>을 막을 수 있었다.

② 줄넘기 대결에서 내가 한 개 더 넘어 가까스로 <u>완승</u>을 거두었다.

③ 강감찬 장군이 거란과의 전투에서 <u>승리</u>하여 온 백성이 기뻐하였다.

3 한자 어휘의 뜻을 바르게 말한 친구를 고르세요. ( )

> 예서: '완승'은 아슬아슬하게 이긴 것을 뜻해.
>
> 민주: '다승'은 운동 경기 등에서 여러 번 진 것을 뜻해.
>
> 규필: '승점'은 운동 경기 등에서 이기고 짐에 따라 계산하여 받는 점수를 뜻해.

① 예서   ② 민주   ③ 규필

어휘추론!

도움말 다른 하나는 '탈 승(乘)'을 써요.

4 다음 문장을 읽고 밑줄 친 한자 어휘 속 '승'이 <보기>와 같은 뜻으로 쓰인 것에 ✓ 하세요.

보기

> 축구 경기에서 우리 팀이 이겨 <u>승점</u> 3점을 받았다.

☐ ① 비행기 <u>탑승</u> 시작을 알리는 방송이 나왔다.

☐ ② 우리 팀은 큰 대회에서 벌써 세 번째 <u>연승</u>을 했다.

월   일

✦ 한자의 뜻과 소리를 읽어 보세요.

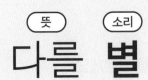

뜻   소리

다를 **별**

＊ '다르다, 구별하다'의 뜻이 있어요.
＊ '헤어지다'의 뜻도 있어요.

화장실 표지판이 다른 것처럼 두 대상이
서로 같지 않다는 것을 나타낸 글자예요.

✦ 한자 어휘를 소리 내 읽어 보고 빈칸에 한자 어휘를 쓰세요.

別 개
낱 個

뜻 | 관련성이 없이 서로 **다름**.

예문 | 공부를 잘하는 것과 행복한 것은 ☐☐인 것 같아요.

차 別
다를 差

뜻 | 둘 이상을 각각 등급이나 수준 등의 차이를 두어 **구별함**.

예문 | 남자와 여자를 ☐☐하면 안 됩니다.

판 別
판단할 判

뜻 | 옳고 그름이나 좋고 나쁨을 판단하여 **구별함**.

예문 | 어떤 그림이 더 나은지 ☐☐이 어려웠다.

결 別
이별할 訣

뜻 | 관계나 사귐을 끊고 **헤어지는** 것.

예문 | 오랫동안 함께한 팀과 ☐☐을 했다.

＊이 어휘에서는 '헤어지다'의 뜻으로 써요.

1 다음 글 안에 있는 한자의 뜻과 소리를 쓰세요.

음식 맛을 잘 보는 것과 음식을 잘하는 것은 **別**개이다.

뜻 _____

소리 _____

2 빈칸에 들어갈 한자 어휘를 글자 카드에서 찾아 만들어 쓰세요.

(1) 함께 일하던 사람들과 (　　　　　)을/를 하고 혼자 일하기로 했어.

결　구　별

(2) 인종이 다르다고 (　　　　　)을/를 하면 안 돼. 사람은 모두 똑같으니까.

개　차　별

3 밑줄 친 부분의 뜻을 가진 한자 어휘에 ○ 하세요.

선생님께서 옳고 그름이나 좋고 나쁨을 판단하여 구별해 주시기로 했다.

판독　　　　　판매　　　　　판별

4 다음 한자 어휘의 예문을 읽어 보고 뜻에 알맞은 말에 ○ 하세요.

천차만별

예문 모양과 기능이 천차만별이라서 뭘 사야 할지 모르겠어.

뜻 여러 가지 사물이 모두 (같음 , 다름).

✦ 한자의 뜻과 소리를 읽어 보세요.

뜻 소리
길 영

*'길다, 오래다'의 뜻이 있어요.

여러 갈래로 흐르는 긴 물줄기(水)를 본 뜬 글자예요.

✦ 한자 어휘를 소리 내 읽어 보고 빈칸에 한자 어휘를 쓰세요.

永 원
멀 遠

뜻 어떤 상태가 **오래** 이어짐, 또는 언제까지나 변하지 않음.

예문 우리는 □□ 한 우정을 약속했다.

永 구
오랠 久

뜻 시간이 **오래** 지나도 변하지 않고 무한히 계속됨.

예문 멸종 위기 식물 종자를 □□ 보존하기로 했다.

永 생
날 生

뜻 죽지 않고 **오래** 사는 것.

예문 죽지 않고 □□ 하는 사람은 없다.

永 주 권
살 住 권세 權

뜻 자격을 갖춘 외국인에게 주는, 그 나라에서 **오랫동안** 살 수 있는 권리.

예문 미국에 사는 고모에게 □□□ 이 나왔다.

1 다음 글 안에 있는 한자의 뜻과 소리를 쓰세요.

캐나다에 사는 형이 **永**주권을 신청했다고 한다.

뜻 _____

소리 _____

2 빈칸에 공통으로 들어갈 한자 어휘에 ○ 하세요.

• 너와 처음 만난 날을 [   ]히 기억할 거야.

• 지금 이 모습을 사진으로 찍어 [   ]히 간직해야지.

나란   다행   영원

3 다음 뜻을 가진 한자 어휘를 초성을 참고하여 쓰세요.

(1) 죽지 않고 오래 사는 것. | ㅇ | ㅅ |

(2) 시간이 오래 지나도 변하지 않고 무한히 계속됨. | ㅇ | ㄱ |

4 다음 한자 어휘 중 '永'이 쓰인 것에 ✓ 하세요.

[ ] ① 영속 ➡ 영원히 계속함.

[ ] ② 영업 ➡ 돈을 벌기 위한 사업이나 활동.

[ ] ③ 영향 ➡ 어떤 것의 효과나 작용이 다른 것에 미치는 것.

Day 36~40 다지기

1 다음 글 안에 있는 한자의 뜻과 소리를 쓰세요.

> 오늘은 내가 좋아하는 야구팀이 내가 사는 지역으로 **遠**정을 오는 날이다. 나는 아빠와 함께 우리 집 **近**방에 있는 야구 경기장을 찾았다. 나는 경기를 보는 내내 목이 터져라 열심히 응원을 했다. 경기 결과는 내가 좋아하는 야구팀의 완**勝**이었다. 경기가 끝나고 오늘 경기를 끝으로 팀과 결**別**을 하는 한 선수의 인터뷰가 있었다. 내가 좋아하는 팀에 **永**원히 남을 줄 알았던 선수가 떠난다니 무척 아쉬웠다.

(1) 遠　(　　　　　　　　)　　(2) 近　(　　　　　　　　)

(3) 勝　(　　　　　　　　)　　(4) 別　(　　　　　　　　)

(5) 永　(　　　　　　　　)

2 가로 열쇠, 세로 열쇠를 풀어 낱말 퍼즐을 완성하세요.

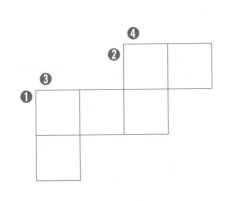

가로 열쇠

❶ 뜻 **먼** 거리.
예문 우리 집에서 학교는 ○○○에 위치해 있어 버스를 타고 가야 한다.

❷ 뜻 운동 경기 등에서 **이기고** 짐에 따라 계산하여 받는 점수.
예문 ○○이 낮아 예선에서 탈락했다.

세로 열쇠

❸ 뜻 **멀리** 떨어져 있음.
예문 방학 중에는 ○○ 수업을 들었다.

❹ 뜻 겨루어서 **이김**.
예문 선수들은 ○○의 기쁨을 함께 누렸다.

3 <보기>의 글자 카드에서 알맞은 글자를 찾아 한자 어휘를 완성하세요.

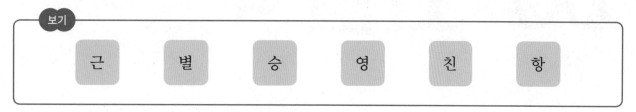

보기

| 근 | 별 | 승 | 영 | 친 | 항 |

(1) 삼촌은 유학 생활을 마치고 [　｜구] 귀국했다.

(2) 모두 비슷해서 어느 것이 진짜인지 [판｜　] 하기가 힘들다.

(3) 너를 처음 봤을 때 가족을 만난 것처럼 [　｜　｜감] 이 느껴졌어.

4 밑줄 친 한자 어휘가 잘못 쓰인 문장을 고르세요. (　　　)

① 선장은 망원경으로 바다 주위를 살폈다.

② 이민 간 친구의 근황이 궁금해서 전자 메일을 보냈다.

③ 숙제를 하기 위해 별개 도서를 도서관에서 빌려 보았다.

5 다음 글을 읽고 밑줄 친 한자 어휘 중 '近'이 쓰인 것을 찾아 쓰세요.

우리 학교 근처에는 불법 주차를 하는 차량들이 많다. 학교 앞 공사장에서 일하는 근로자들이 주차를 많이 해 놓는다. 불법 주차 문제를 근절시킬 방안에는 무엇이 있을까?

(　　　　　)

09 사물·4

✦ 한자의 뜻과 소리를 읽어 보세요.

뜻 소리
공 구

*'공, 둥글다'의 뜻이 있어요.

옥(玉)처럼 둥근 것을 나타낸 글자예요.

✦ 한자 어휘를 소리 내 읽어 보고 빈칸에 한자 어휘를 쓰세요.

球 기
재주 技

뜻 **공**을 사용하는 운동 경기.

예문 [　　] 종목에는 야구, 축구, 배구, 농구 등이 있어요.

球 장
마당 場

뜻 **공**을 사용하는 운동 경기를 하는 큰 운동장.

예문 야구 시합을 보기 위해 야구 [　　]을 찾았다.

球 단
둥글 團

뜻 **공**을 사용하는 운동 경기를 사업으로 하는 단체.

예문 내가 좋아하는 축구 선수가 새 [　　]과 계약을 했다.

지 球
땅 地

뜻 우리가 살고 있는 **둥근** 천체.

예문 달은 [　　] 주위를 돌아요.

1 다음 글 안에 있는 한자의 뜻과 소리를 쓰세요.

지**球**는 태양에서 세 번째로 가까운 행성이다.

(뜻) _____

(소리) _____

2 빈칸에 들어갈 한자 어휘를 초성을 참고하여 쓰세요.

축구는 열한 명으로 구성된 두 팀이 서로 상대방의 골문 안으로 공을 많이 넣으면 승리하는 [　　] 종목이다.

ㄱ	ㄱ

3 다음 한자 어휘의 알맞은 뜻에 ○ 하세요.

(1) **구장**　　　(공 , 총)을 사용하는 운동 경기를 하는 큰 운동장.

(2) **구단**　　　공을 사용하는 운동 경기를 사업으로 하는 (개인 , 단체).

4 다음 한자 어휘 중 '**球**'가 쓰인 것에 ✔ 하세요.

[　] ① 출구 ➤ 밖으로 나갈 수 있는 통로.

[　] ② 안구 ➤ 눈의 구멍 안에 있는 동그란 모양의 기관.

[　] ③ 도구 ➤ 일을 할 때 쓰는 연장을 통틀어 이르는 말.

✦ 한자의 뜻과 소리를 읽어 보세요.

뜻: 그림
소리: 도

* '그림'의 뜻이 있어요.
* '꾀하다'의 뜻도 있어요.

선과 색채로 사물의 모양이나 이미지를 표현한 그림을 나타낸 글자예요.

✦ 한자 어휘를 소리 내 읽어 보고 빈칸에 한자 어휘를 쓰세요.

圖 면
낯 面

뜻 토목, 건축, 기계 등의 구조나 설계 등을 나타낸 **그림**.

예문 설계 ☐☐ 에 따라 집을 지었다.

圖 표
겉 表

뜻 여러 가지 자료를 분석하여 그 관계를 **그림**으로 나타낸 표.

예문 설문 조사 결과를 ☐☐ 로 나타내었다.

圖 감
거울 鑑

뜻 **그림**이나 사진을 모아 실물 대신 볼 수 있도록 엮은 책.

예문 표범과 치타의 차이가 궁금해서 ☐☐ 을 찾아보았다.

의 圖
뜻 意

뜻 무엇을 하고자 하는 생각이나 계획, 또는 무엇을 하려고 **꾀함**.

예문 글쓴이의 ☐☐ 를 파악하면서 글을 읽어야 해요.

* 이 어휘에서는 '꾀하다'의 뜻으로 써요.

1 다음 글 안에 있는 한자의 뜻과 소리를 쓰세요.

우리는 어류 圖감을 보고 여러 물고기의 이름을 익혔다.

뜻 _____

소리 _____

2 빈칸에 '도표'가 들어갈 수 있는 문장을 고르세요. ( )

① 집이 더 넓어 보이도록 설계 _____를 수정했어요.

② _____가 자세하게 그려져 있어서 길을 쉽게 찾을 수 있었어요.

③ 인구가 어떻게 변화했는지 한눈에 알 수 있도록 _____로 정리했어요.

3 다음 뜻을 가진 한자 어휘를 초성을 참고하여 쓰세요.

(1) 토목, 건축, 기계 등의 구조나 설계 등을 나타낸 그림. ㄷ ㅁ

(2) 그림이나 사진을 모아 실물 대신 볼 수 있도록 엮은 책. ㄷ ㄱ

(3) 무엇을 하고자 하는 생각이나 계획, 또는 무엇을 하려고 꾀함. ㅇ ㄷ

어휘 추론!

도움말 다른 하나는 '길 도(道)'를 써요.

4 다음 문장을 읽고 '圖'가 쓰인 한자 어휘가 들어 있는 문장에 ✓ 하세요.

□ ① 이 작품은 구도가 안정적이다.

□ ② 사람이 살면서 마땅히 지켜야 할 도리가 있어.

✦ 한자의 뜻과 소리를 읽어 보세요.

뜻	소리
그림	화
그을	획

* '그림'의 뜻이 있어요. '긋다'의 뜻으로 쓰일 때는 '획'으로 읽고 써요.

붓으로 그림을 그리는 모습을 나타낸 글자예요.

✦ 한자 어휘를 소리 내 읽어 보고 빈칸에 한자 어휘를 쓰세요.

畫 면
낯 面

뜻 텔레비전이나 컴퓨터 등에서 **그림**이나 영상이 나타나는 면.

예문 새로 산 텔레비전의 [ ][ ] 이 무척 선명하다.

명 畫
이름 名

뜻 아주 잘 그린 **그림**, 또는 유명한 **그림**.

예문 신사임당은 많은 [ ][ ] 를 남긴 조선 시대의 화가이다.

畫 풍
바람 風

뜻 **그림**을 그리는 방식이나 양식.

예문 이 화가는 자신만의 독특한 [ ][ ] 으로 그림을 그린다.

畫 순
순할 順

뜻 글씨를 쓸 때 획을 **긋는** 순서.

예문 [ ][ ] 에 따라 글씨를 또박또박 쓰자.

* 이 어휘에서는 '그을 획'으로 써요.

1 다음 글 안에 있는 한자의 뜻과 소리를 쓰세요.

할 말이 없어서 컴퓨터 **畫**면만 뚫어져라 쳐다보았다.

뜻 _____

소리 _____

2 빈칸에 들어갈 한자 어휘에 ○ 하세요.

왼쪽 그림은 '口'의 [   ]을 나타낸 것이다.

획득

획순

3 밑줄 친 부분의 뜻을 가진 한자 어휘에 ○ 하세요.

(1) 두 작품은 <u>그림을 그린 방식이나 양식</u>이 비슷하다.

화보 | 화풍

(2) 미술 시간에 세계적으로 <u>유명한 그림</u>에 대해 배웠다.

명곡 | 명화

4 다음 한자 어휘의 예문을 읽어 보고 뜻에 알맞은 말에 ○ 하세요.

화집

예문 유명한 화가들의 <u>화집</u>을 샀다.

뜻 (글 , 그림)을 모아 엮은 책.

월   일

✦ 한자의 뜻과 소리를 읽어 보세요.

뜻 소리
쌀 미

＊'쌀'의 뜻이 있어요.

여기저기 흩어져 있는 쌀의 낱알을 본뜬 글자예요.

✦ 한자 어휘를 소리 내 읽어 보고 빈칸에 한자 어휘를 쓰세요.

米 음
마실 飮

뜻 쌀에 물을 충분히 붓고 푹 끓여 체에 걸러 낸 음식.

예문 아빠는 아픈 동생을 위해 ☐☐ 을 끓여 주셨다.

백 米
흰 白

뜻 깨끗하고 희게 찧은 쌀. 🔵 흰쌀

예문 ☐☐ 에 콩을 섞어 밥을 지었어요.

현 米
검을 玄

뜻 벼의 겉껍질만 벗겨 낸 누르스름한 쌀.

예문 ☐☐ 로 밥을 지어 먹으면 건강에 좋다.

정 米 소
정할 精   바 所

뜻 쌀 찧는 일을 전문적으로 하는 곳. 🔵 방앗간

예문 ☐☐☐ 에서 올해 수확한 벼를 찧었다.

1 다음 글 안에 있는 한자의 뜻과 소리를 쓰세요.

현米로 만든 면은 소화가 잘된다.

뜻 _____

소리 _____

2 다음 문장에 들어갈 한자 어휘에 ○ 하세요.

(1) 할머니는 (미음 , 미행)을 드시고 조금씩 기운을 차리셨다.

(2) 외삼촌은 (목공소 , 정미소)에서 쌀과 보리를 옮기는 일을 하신다.

3 다음 뜻을 가진 한자 어휘를 찾아 선을 이으세요.

(1) 깨끗하고 희게 찧은 쌀. • • ㉠ 백미

(2) 벼의 겉껍질만 벗겨 낸 누르스름한 쌀. • • ㉡ 현미

어휘 추론!

도움말 다른 하나는 '맛 미(味)'를 써요.

4 다음 문장을 읽고 밑줄 친 한자 어휘 속 '미'가 <보기>와 같은 뜻으로 쓰인 것에 ✔ 하세요.

보기

참새들이 정미소 앞에서 쌀 부스러기를 쪼아 먹고 있었다.

☐ ① 더운 여름철에는 시원한 냉면이 별미이다.

☐ ② 심청은 공양미 삼백 석을 받고 인당수에 빠졌다.

✦ 한자의 뜻과 소리를 읽어 보세요.

뜻 약   소리 약

*'약'의 뜻이 있어요.

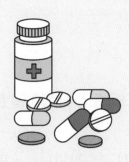

약초(艹)를 먹고 나아 즐거운(樂) 모습을 나타낸 글자예요.

✦ 한자 어휘를 소리 내 읽어 보고 빈칸에 한자 어휘를 쓰세요.

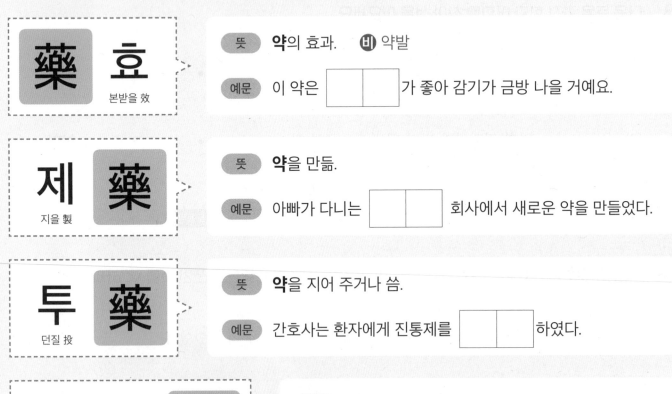

藥 효
본받을 效

뜻 **약**의 효과. 비 약발

예문 이 약은 ☐☐ 가 좋아 감기가 금방 나을 거예요.

제 藥
지을 製

뜻 **약**을 만듦.

예문 아빠가 다니는 ☐☐ 회사에서 새로운 약을 만들었다.

투 藥
던질 投

뜻 **약**을 지어 주거나 씀.

예문 간호사는 환자에게 진통제를 ☐☐ 하였다.

상 비 藥
떳떳할 常 갖출 備

뜻 병원이나 가정에 늘 준비해 두는 **약**.

예문 해열제는 ☐☐☐ 으로 준비해야 해.

1 다음 글 안에 있는 한자의 뜻과 소리를 쓰세요.

항생제 투**藥** 부작용으로 계속 설사를 했다.

뜻 _____

소리 _____

2 빈칸에 공통으로 들어갈 한자 어휘에 ○ 하세요.

• 우유와 함께 약을 먹으면 [   ]가 떨어질 수도 있다.

• [   ]가 떨어졌는지 다시 기침이 심해지기 시작했다.

약사   약초   약효

3 밑줄 친 부분의 뜻을 가진 한자 어휘를 초성을 참고하여 쓰세요.

(1) <u>약을 만드는</u> 기술이 점점 발달하고 있어요. ──── ㅈ ㅇ

(2) 집에 늘 준비해 두고 있는 <u>약</u> 몇 가지를 챙겨 갔어요. ──── ㅅ ㅂ ㅇ

어휘 추론!

4 다음 한자 어휘 중 '藥'이 쓰이지 <u>않은</u> 것에 ✔ 하세요.

[ ] ① 양약고구 ➤ 좋은 약은 입에 씀.

[ ] ② 약점 ➤ 다른 사람에 비해 부족해서 불리한 점.

[ ] ③ 약수 ➤ 마시거나 몸을 담그면 약의 효과가 있는 샘물.

Day 41~45 다지기

1 다음 글 안에 있는 한자의 뜻과 소리를 쓰세요.

> 과학 시간에 우주에 대해서 배웠다. 선생님께서는 텔레비전 **畫**면으로 지**球**와 달 등 여러 행성의 모습을 보여 주셨다. 또한 우주에 대한 여러 가지 그림과 **圖**표도 보여 주셨다.

(1) **畫** (   )   (2) **球** (   )

(3) **圖** (   )

> 엄마는 약물을 오랫동안 투**藥**하고 계셔서 평소에 소화가 잘 안되신다. 그래서 콩이나 보리 같은 것을 넣지 않고 백**米**로만 밥을 지어 드신다.

(4) **藥** (   )   (5) **米** (   )

2 빈칸에 들어갈 한자 어휘를 <보기>의 글자 카드에서 찾아 만들어 쓰세요.

보기

| 구 | 상 | 미 | 비 | 장 | 약 | 음 |

(1) 아기에게 [   ][   ] 을/를 만들어 먹였다.
↳ **쌀**에 물을 충분히 붓고 푹 끓여 체에 걸러 낸 음식.

(2) 이번에 축구 [   ][   ] 에 잔디를 새로 깔았다.
↳ **공**을 사용하는 운동 경기를 하는 큰 운동장.

(3) 해외여행을 갈 때 소화제와 같은 [   ][   ][   ] 을/를 꼭 가져가.
↳ 병원이나 가정에 늘 준비해 두는 **약**.

3 다음 뜻과 예문에 맞는 한자 어휘를 글자판에서 찾아 묶으세요.

① **뜻** 공을 사용하는 운동 경기.
예문 농구와 같은 ○○ 종목을 좋아해.

② **뜻** 약의 효과.
예문 ○○가 서서히 나타나기 시작했다.

③ **뜻** 글씨를 쓸 때 획을 긋는 순서.
예문 사전에는 한자를 쓰는 ○○도 나와 있다.

④ **뜻** 쌀 찧는 일을 전문적으로 하는 곳.
예문 추수한 벼는 말려서 ○○○로 가져가 쌀로 만든다.

구	단	계	단
기	약	획	순
지	효	도	배
정	미	소	리

4 밑줄 친 한자 어휘가 바르게 쓰인 문장을 고르세요. (   )

① 언니는 제약 기술을 익혀 빵집을 차렸다.
② 박물관에 세계적으로 유명한 화가의 화풍이 전시되어 있다.
③ 도면을 자세히 살펴보면 건물의 구조를 파악할 수 있을 거예요.

5 다음 글을 읽고 밑줄 친 한자 어휘 중 '圖'가 쓰인 것을 모두 찾아 쓰세요.

> 그림을 감상할 때에는 어떤 재료로 무엇을 표현했는지, 구도가 어떠한지, 어떤 색감을 표현했는지, 작가가 그림을 그린 의도는 무엇인지 등을 살펴봐야 해요. 그럼 이제 그림 감상법을 알았으니까 우리도 한번 도전해 볼까요?

(,   )

10 마을과 사회·5

월   일

✦ 한자의 뜻과 소리를 읽어 보세요.

뜻   소리
떼   부

* '떼(무리), 나누다'의 뜻이 있어요.

큰 무리를 구분 지어 나누는 것을 나타 낸 글자예요.

✦ 한자 어휘를 소리 내 읽어 보고 빈칸에 한자 어휘를 쓰세요.

部 족
겨레 族

뜻 같은 조상, 언어, 종교 등을 가지고 한 사회를 이루는 **무리**.

예문 아프리카에는 3000여 개의 ☐☐ 들이 살고 있다.

部 류
무리 類

뜻 어떤 대상을 공통적인 성격에 따라 **나눈** 갈래.

예문 오리와 닭은 같은 ☐☐ 에 속한다.

部 문
문 門

뜻 어떤 분야를 구별하여 **나누어** 놓은 낱낱의 범위나 부분.

예문 우리나라 탁구 선수가 단식 ☐☐ 에서 금메달을 땄다.

세 部
가늘 細

뜻 자세하게 **나눈** 부분.

예문 중심 내용과 ☐☐ 내용을 구별하며 읽어 보자.

1 다음 글 안에 있는 한자의 뜻과 소리를 쓰세요.

> 자세한 것은 세**部** 사항을 확인하세요.

뜻 _____

소리 _____

2 빈칸에 들어갈 한자 어휘를 초성을 참고하여 쓰세요.

> 과학 시간에 육지에서 사는 생물을 [   ]에 따라 나누어 보았다. ──── ㅂ ㄹ

3 다음 뜻을 가진 한자 어휘에 ○ 하세요.

(1) 어떤 분야를 구별하여 나누어 놓은 낱낱의 범위나 부분.

부문 | 부속

(2) 같은 조상, 언어, 종교 등을 가지고 한 사회를 이루는 무리.

귀족 | 부족

어휘 추론!

도움말 다른 하나는 '부유할 부(富)'를 써요.

4 다음 문장을 읽고 '部'가 쓰인 한자 어휘를 찾아 번호를 쓰세요. (   )

> ①부자들 중 ②일부는 검소하게 사는 사람들도 있다.

월   일

✦ 한자의 뜻과 소리를 읽어 보세요.

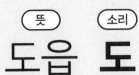

뜻   소리

도읍 도

* '도읍, 도시'의 뜻이 있어요.
* '모두'의 뜻도 있어요.

↖서울

한 나라의 중앙 정부가 있는 도읍을 나
타낸 글자예요.

✦ 한자 어휘를 소리 내 읽어 보고 빈칸에 한자 어휘를 쓰세요.

수 都
머리 首

> 뜻   한 나라의 중앙 정부가 있는 **도시**.
>
> 예문   우리나라의 ☐☐ 는 서울입니다.

都 심
마음 心

> 뜻   **도시**의 중심부.
>
> 예문   나는 ☐☐ 에서 그리 멀지 않은 곳에 산다.

대 都 시
큰 大   저자 市

> 뜻   지역이 넓고 인구가 많은 **도시**.
>
> 예문   ☐☐☐ 에는 편의 시설이 많다.

都 합
합할 合

> 뜻   **모두** 합한 셈.
>
> 예문   우리 학교의 4학년 학생은 ☐☐ 135명이에요.

* 이 어휘에서는 '모두'의 뜻으로 써요.

1 다음 글 안에 있는 한자의 뜻과 소리를 쓰세요.

> 수**都**와 수**都** 근처의 지역을 수**都**권이라고 한다.

(뜻) _____

(소리) _____

2 빈칸에 들어갈 한자 어휘를 글자 카드에서 찾아 만들어 쓰세요.

(1) 나는 오늘 하루 동안 점심에 3개, 저녁에 4개
(　　　　　) 7개의 귤을 먹었다.

결　도　합

(2) 도시의 중심부라고 할 수 있는 (　　　　)
은/는 교통이 편리하고 문화 시설도 많다.

도　로　심

3 다음 한자 어휘의 알맞은 뜻에 ○ 하세요.

(1) | 도합 | (모두 , 일부)를 합한 셈.

(2) | 대도시 | 지역이 넓고 인구가 (많은 , 적은) 도시.

어휘 추론!

도움말 다른 하나는 '도둑 도(盜)'를 써요.

4 다음 문장을 읽고 '都'가 쓰인 한자 어휘가 들어 있는 문장에 ✔ 하세요.

☐ ① 행궁은 왕이 <u>도성</u> 밖으로 행차할 때 머물던 궁궐이다.

☐ ② 우리 동네에 있는 무인점포에서 <u>도난</u> 사건이 발생했다.

✦ 한자의 뜻과 소리를 읽어 보세요.

뜻   소리

구분할 구

* '구분하다, 지역'의 뜻이 있어요.

물건을 갈라서 구분해 놓는 것을 나타 낸 글자예요.

✦ 한자 어휘를 소리 내 읽어 보고 빈칸에 한자 어휘를 쓰세요.

區 별
다를 別

뜻 성질이나 종류에 따라 차이가 남, 또는 성질이나 종류에 따라 **구분해** 놓음.

예문 형제가 너무 닮아 쉽게 [   ][   ]이 안된다.

區 역
지경 域

뜻 **구분해** 놓은 지역.

예문 이곳은 관계자 외 출입 금지 [   ][   ] 입니다.

區 획
그을 劃

뜻 땅이나 공간을 **구분하여** 나눔, 또는 그런 구역.

예문 도로에 주차 [   ][   ]을 표시하는 선이 그어져 있다.

선 거 區
가릴 選   들 擧

뜻 국민의 대표를 뽑기 위해 선거가 실시되는 하나의 단위가 되는 **지역**.

예문 선거를 하기 위해 [   ][   ][   ]를 확정했다.

---

1 다음 글 안에 있는 한자의 뜻과 소리를 쓰세요.

> 국회 의원 선거에 출마한 후보자가 해당 선거**區**에 사는 주민들에게 자신을 뽑아 달라고 외치고 있다.

뜻 _____

소리 _____

2 빈칸에 들어갈 한자 어휘를 <보기>에서 찾아 쓰세요.

보기

구별	구역	구절	구출

> 이곳은 주차 금지 ( )이므로 당장 차를 이동시켜 주세요.

3 한자 어휘의 뜻을 <u>잘못</u> 말한 친구를 고르세요. ( )

> 세영: '구별'은 성질이나 종류에 따라 차이가 없음을 뜻하는 말이야.
>
> 하준: 땅이나 공간을 구분하여 나누는 일이나 나눈 구역을 '구획'이라고 해.
>
> 지호: '선거구'는 국민의 대표를 뽑기 위해 선거가 실시되는 하나의 단위가 되는 지역을 뜻해.

① 세영 ② 하준 ③ 지호

어휘 추론!

도움말 다른 하나는 '예 구(舊)'를 써요.

4 다음 문장을 읽고 '區'가 쓰인 한자 어휘가 들어 있는 문장에 ✓ 하세요.

☐ ① 가뭄으로 피해를 입은 지역의 <u>복구</u>를 위해 정부가 나섰다.

☐ ② 엄마는 지난달 경기도 수원 <u>지구</u>에서 열린 세미나에 참석하셨다.

월   일

✦ 한자의 뜻과 소리를 읽어 보세요.

뜻   소리

법칙 칙

*'법칙, 규칙'의 뜻이 있어요.

칼(刂)로 새기듯 반드시 지켜야 하는 법칙을 나타낸 글자예요.

✦ 한자 어휘를 소리 내 읽어 보고 빈칸에 한자 어휘를 쓰세요.

법規

뜻   여러 사람이 지키도록 정해 놓은 **법칙**.

예문   정해진 ☐☐ 을 잘 지켜야 해요.

돌이킬 反

뜻   규정이나 **규칙** 등을 어김.

예문   한 선수가 여러 번 ☐☐ 을 해서 경고를 받았다.

학교 校

뜻   학생이 학교에서 지켜야 할 **규칙**.

예문   학교마다 반드시 지켜야 하는 ☐☐ 이 있다.

범할 犯   쇠 金

뜻   도로 교통법 등의 **규칙**을 어겨서 내는 돈.

예문   불법 주차를 해서 ☐☐☐ 을 냈다.

1 다음 글 안에 있는 한자의 뜻과 소리를 쓰세요.

> 우리 학교는 교**則**이 엄격한 편이에요.

(뜻) _____

(소리) _____

2 빈칸에 들어갈 한자 어휘를 찾아 선을 이으세요.

(1) 교통 신호를 지키지 않아서 ☐ 을 냈어요.　　•

(2) 동생에게 놀이 ☐ 을 자세히 설명해 주었어요.　　•

• ㉠ 규칙

• ㉡ 범칙금

3 다음 한자 어휘의 알맞은 뜻에 ○ 하세요.

(1) | 반칙 | 규정이나 규칙 등을 (어김 , 지킴).

(2) | 범칙금 | 도로 교통법 등의 (규칙 , 벌칙)을 어겨서 내는 돈.

4 밑줄 친 한자 어휘에 유의하여 다음 글을 읽고 바르게 말한 친구를 고르세요.　(　　)

> 우리 부모님은 음식을 남긴 사람이 설거지를 해야 한다는 <u>원칙</u>을 정해 놓으셨어. 그래서 나는 음식을 남기지 않고 먹는 습관이 있어.

① 세미: 음식을 남긴 사람은 설거지를 해야 하는구나.

② 재석: 음식을 남기더라도 설거지를 하지 않을 수 있구나.

월   일

✦ 한자의 뜻과 소리를 읽어 보세요.

漢

뜻 한나라   소리 한

* '한나라, 한수'의 뜻이 있어요. '한수'는 큰 강, 한강을 뜻해요.

큰 강(氵) 주위에 있던 한나라를 나타낸 글자예요.

✦ 한자 어휘를 소리 내 읽어 보고 빈칸에 한자 어휘를 쓰세요.

漢 자
글자 字

뜻 고대 중국에서 만들어져 **한나라** 때 정착된 중국의 문자.

예문 ☐☐를 알면 교과서 용어를 이해하기 쉽다.

漢 문
글월 文

뜻 **한자**로 쓰인 글.

예문 『금오신화』는 ☐☐으로 된 소설이다.

漢 강
강 江

뜻 우리나라의 중부를 흐르는 강. **한수**.

예문 ☐☐ 둔치에 자전거를 타는 사람이 많다.

漢 양
볕 陽

뜻 '서울'의 옛 이름. **한수**가 흐르는 곳.

예문 조선 시대에는 서울을 ☐☐이라 불렀어요.

1 다음 글 안에 있는 한자의 뜻과 소리를 쓰세요.

漢자 급수 시험 7급에 합격했어요.

뜻 ____________

소리 ____________

2 빈칸에 들어갈 한자 어휘를 글자 카드에서 찾아 만들어 쓰세요.

(1) 서울을 가로질러 흐르는 (　　　　　　)에는 공원이 잘 개발되어 있다.

강	한	화

(2) 조선 시대에 선비들은 과거 시험을 보기 위해 (　　　　　　)으로 갔어요.

동	양	한

3 다음 뜻을 가진 한자 어휘를 초성을 참고하여 쓰세요.

(1) 한자로 쓰인 글. — ㅎ ㅁ

(2) 고대 중국에서 만들어져 한나라 때 정착된 중국의 문자. — ㅎ ㅈ

4 다음 한자 어휘 중 '漢'이 쓰인 것에 ✓ 하세요.

☐ ① 한기 ➤ 추운 기운.

☐ ② 한학 ➤ 한문을 연구하는 학문.

☐ ③ 한우 ➤ 누런 갈색의 우리나라 토종 소.

1 다음 글 안에 있는 한자의 뜻과 소리를 쓰세요.

> 법이란 국가에서 사람들이 함께 지키기로 약속한 규**則**으로, 국회에서 만듭니다. 국회는 각 선거**區**에서 뽑힌 국회 의원들이 일하는 국가 기관입니다.

(1) **則** (　　　　　　　　)　　(2) **區** (　　　　　　　　　)

> **漢**강이 흐르고 있는 서울은 약 600년의 역사를 가진 **都**시입니다. 조선 시대 때 우리나라의 수도가 된 이후 정치, 경제, 문화, 교육 등 여러 **部**문에서 눈부신 발전을 이루고 있습니다.

(3) **漢** (　　　　　　　　)　　(4) **都** (　　　　　　　　　)
(5) **部** (　　　　　　　　)

2 다음 뜻과 예문에 맞는 한자 어휘를 글자판에서 찾아 묶으세요.

① 뜻 자세하게 **나눈** 부분.
　예문 ○○ 일정까지 꼼꼼히 읽어 보세요.

② 뜻 **구분해** 놓은 지역.
　예문 이곳은 해양 보호 ○○으로 지정되어 있다.

③ 뜻 규정이나 **규칙** 등을 어김.
　예문 심판이 ○○을 한 선수에게 퇴장을 명령했다.

④ 뜻 **한자**로 쓰인 글.
　예문 이 소설은 ○○으로 된 것을 한글로 번역한 것이다.

절	반	칙	합
대	답	한	계
표	지	문	구
구	세	부	역

3 한자 어휘의 뜻을 읽어 보고 빈칸에 공통으로 들어갈 글자를 쓰세요.

> - ☐합: 모두 합한 셈.
> - ☐심: 도시의 중심부.
> - 수☐: 한 나라의 중앙 정부가 있는 도시.

(   )

4 <보기>의 글자 카드에서 알맞은 글자를 찾아 한자 어휘를 완성하세요.

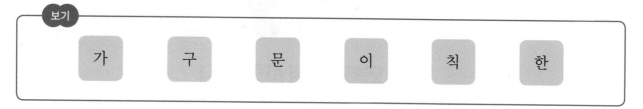

보기

| 가 | 구 | 문 | 이 | 칙 | 한 |

(1) 우리나라는 한글이 만들어지기 전에는 ☐ **자** 를 사용하였다.

(2) 우리 학교는 반드시 교복을 입고 다녀야 한다는 **교**☐ 이/가 있다.

(3) 옛날에는 신분의 ☐ **별** 이 엄격하여 양반만 벼슬에 오를 수 있었다.

5 다음 문장을 읽고 '部'가 쓰인 한자 어휘가 들어 있는 문장을 모두 고르세요. (,   )

① 교통사고를 당해 큰 <u>부상</u>을 입었다.

② 컵에 있던 물을 쏟아 책의 <u>일부</u>가 젖었다.

③ 동생은 나와 달리 춤과 노래를 즐기는 <u>부류</u>의 사람이다.

오늘도 한 뼘 자랐습니다

어휘를 정복하는
한자의 힘

- 정답 및 해설
- 한자 음으로 찾아보기

6권

길벗스쿨

정답 및 해설

Day 01
11쪽

1 아이, 동 **2** 아동 **3** (1) - ㉠, (2) - ㉡ **4** ②

도움말 **4** '童'이 쓰인 한자 어휘는 '소, 양, 염소 등의 가축에게 풀을 뜯기면서 돌보는 아이.'를 뜻하는 '목동'입니다. '기계 등이 기능대로 움직임.'을 뜻하는 '동작'에는 '動(움직일 동)'이 쓰였습니다.

Day 02
13쪽

1 무리, 등 **2** 대등 **3** (1) 등급 (2) 같음 **4** ②

도움말 **4** '균등'은 '차이가 없이 고름.'을 뜻하므로 민아가 바르게 말했습니다.

Day 03
15쪽

1 아름다울, 미 **2** (1) - ㉠, (2) - ㉡ **3** 미식가 **4** ③

도움말 **4** '美'가 쓰인 한자 어휘는 '옛날부터 그 사회에 전해 오는 아름답고 좋은 습관.'을 뜻하는 '미풍양속'입니다. '미래'에는 '未(아닐 미)'가 쓰였고, '미생물'에는 '微(작을 미)'가 쓰였습니다.

Day 04
17쪽

1 병, 병 **2** ③ **3** (1) - ㉡, (2) - ㉠ **4** ②

도움말 **2** '질병'은 '몸에 생기는 온갖 병.'을 뜻하므로 ③에 들어가는 것이 알맞습니다.
4 '病'이 쓰인 한자 어휘는 '병의 증세나 상태.'를 뜻하는 '병세'입니다. '예전에, 군인이나 군대를 이르던 말.'인 '병사'에는 '兵(군사 병)'이 쓰였습니다.

Day 05
19쪽

1 의원, 의 **2** (1) 의술 (2) 명의 **3** 의무실 **4** 치료

도움말 **4** '의약품'에 쓰인 '醫'는 '의원(의사), 치료하다'라는 뜻을 가지므로, '의약품'의 뜻은 '병을 치료하는 데 쓰는 약품.'입니다.

다지기
20~21쪽

1 (1) 병 병 (2) 무리 등 (3) 아이 동 (4) 의원 의 (5) 아름다울 미 **2** ❶ 의술 ❷ 미담 ❸ 미술

3 동 **4** (1) 평등 (2) 간병 (3) 병충해 **5** 균등, 대등

도움말 **5** '等'이 쓰인 한자 어휘는 '차이가 없이 고름.'을 뜻하는 '균등'과 '서로 견주어 높고 낮음이나 낫고 못함이 없이 비슷함.'을 뜻하는 '대등'입니다. '사람이 무대 등에 나타남.'을 뜻하는 '등장'에는 '登(오를 등)'이 쓰였습니다.

Day 06

25쪽

1 귀신, 신　　2 (1) 신화 (2) 신통　　3 실신　　4 ③

도움말 4 '神'이 쓰인 한자 어휘는 '보통의 생각으로는 이해할 수 없는 놀랍고 신기한 일.'을 뜻하는 '신비'입니다. '신중'에는 '愼(삼갈 신)'이 쓰였고, '신고'에는 '申(납 신)'이 쓰였습니다.

Day 07

27쪽

1 싸움, 전　　2 전략　　3 (1) - ㉠, (2) - ㉡　　4 ②

도움말 4 '戰'이 쓰인 한자 어휘는 '경기 등에서 있는 힘을 다하여 잘 싸움.'을 뜻하는 '선전'입니다. '물체 자체가 빙빙 돎.'을 뜻하는 '회전'에는 '轉(구를 전)'이 쓰였습니다.

Day 08

29쪽

1 이름, 호　　2 ①　　3 (1) 이름 (2) 명령 (3) 기호　　4 ①

도움말 2 ②는 '부하나 동물을 지휘하여 명령함.', ③은 '큰 소리로 꾸짖음.'이라는 뜻으로 쓰였습니다.
4 '號'가 쓰인 한자 어휘는 '나라의 이름.'을 뜻하는 '국호'입니다. '아픈 사람을 보살핌.'을 뜻하는 '간호'에는 '護(도울 호)'가 쓰였습니다.

Day 09

31쪽

1 생각할, 고　　2 (1) - ㉡, (2) - ㉠　　3 고려　　4 ②

도움말 4 '심사숙고'는 '어떤 일에 대해 깊이 생각함.'을 뜻하므로 다인이가 바르게 말했습니다.

Day 10

33쪽

1 알, 지　　2 (1) 지능 (2) 공지　　3 (1) 감지 (2) 미지　　4 ①

도움말 4 '미지'처럼 '知(알 지)'가 쓰인 것은 '어떤 사실을 확실히 그렇다고 여겨서 앎.'을 뜻하는 '인지'입니다. '공중에서 땅으로 내림, 또는 그런 곳.'을 뜻하는 '착지'에는 '地(땅 지)'가 쓰였습니다.

다지기

34~35쪽

1 (1) 알 지 (2) 싸움 전 (3) 생각할 고 (4) 귀신 신 (5) 이름 호　　2 ① 미지 ② 실신 ③ 사고 ④ 도전　　3 (1) 호령 (2) 참고 (3) 공지　　4 ②　　5 신화, 신비

도움말 4 ①의 '휴전'은 '전쟁을 일정 기간 동안 멈추는 일.'을 뜻하고, ③의 '고안'은 '연구를 하여 새로운 물건이나 방법, 계획 등을 생각해 냄.'을 뜻하므로 문장에 어울리지 않습니다.
5 '神'이 쓰인 한자 어휘는 '신이나 신 같은 존재에 대한 신비스러운 이야기.'를 뜻하는 '신화'와 '보통의 생각으로는 이해할 수 없는 놀랍고 신기한 일.'을 뜻하는 '신비'입니다. '어떤 생각을 굳게 믿는 마음, 또는 그것을 이루려는 의지.'를 뜻하는 '신념'에는 '信(믿을 신)'이 쓰였습니다.

Day 11

39쪽

1 말미암을, 유　　2 유래　　　3 ① - ⓒ, ② - ⓐ　　4 ①

도움말 4 '由'가 쓰인 한자 어휘는 '오래전부터 전해져 내려오는 어떤 사물의 오랜 역사나 까닭.'을 뜻하는 '유서'입니다. '이름이 널리 알려져 있음.'을 뜻하는 '유명'에는 '有(있을 유)'가 쓰였습니다.

Day 12

41쪽

1 근본, 본　　2 (1) 본문 (2) 본심　　3 본성　　　4 중심

도움말 4 '본체'에 쓰인 '本'은 '근본(바탕), 원래, 중심'이라는 뜻이므로, '본체'의 뜻은 '기계 등의 중심 부분.'입니다.

Day 13

43쪽

1 죽을, 사　　2 ③　　　3 (1) 다친 (2) 삶　　4 ②

도움말 2 '사력'은 '죽을 각오를 하고 최선을 다하여 쓰는 힘.'을 뜻하므로 현성이는 어휘를 잘못 사용했습니다.
4 '死'가 쓰인 한자 어휘는 '가족 구성원 중 한쪽이 먼저 죽어서 헤어짐.'을 뜻하는 '사별'입니다. '이전에 실제로 일어난 예.'를 뜻하는 '사례'에는 '事(일 사)'가 쓰였습니다.

Day 14

45쪽

1 기름, 유　　2 ②　　　3 (1) 유성 (2) 유화　　4 ②

도움말 4 '산유국'은 '자기 나라의 영토나 영해에서 석유를 생산하는 나라.'를 뜻하므로 수영이가 바르게 말했습니다.

Day 15

47쪽

1 은, 은　　2 (1) 양은 (2) 은상　　3 은행　　　4 ①

도움말 4 '銀'이 쓰인 한자 어휘는 '금, 은, 보석 등 매우 귀중한 물건.'을 뜻하는 '금은보화'입니다. '은혜'에는 '恩(은혜 은)'이 쓰였고, '은퇴'에는 '隱(숨을 은)'이 쓰였습니다.

다지기

48~49쪽

1 (1) 은 은 (2) 죽을 사 (3) 말미암을 유 (4) 기름 유 (5) 근본 본　　2 (1) 유분 (2) 사망 (3) 본문
3 (1) - ⓐ, (2) - ⓒ, (3) - ⓑ　　4 (1) 유조선 (2) 자유　　5 ①

도움말 5 '생사'처럼 '死(죽을 사)'가 쓰인 것은 '거의 죽을 뻔하다가 다시 살아남.'을 뜻하는 '기사회생'입니다. '봄, 여름, 가을, 겨울 네 계절 내내의 동안.'을 뜻하는 '사시사철'에는 '四(넉 사)'가 두 번 쓰였습니다.

Day 16

53쪽

1 뿔, 각 2 (1) 각축 (2) 두각 3 다각도 4 ②

도움말 4 '角'이 쓰인 한자 어휘는 '위치상 어느 각도에서도 볼 수 없는 곳.'을 뜻하는 '사각'입니다. '촉각'에는 '覺(깨달을 각)'이 쓰였고, '지각'에는 '刻(새길 각)'이 쓰였습니다.

Day 17

55쪽

1 들, 야 2 (1) - ㉠, (2) - ㉡ 3 야산 4 ②

도움말 4 '野'가 쓰인 한자 어휘는 '숲과 들.'을 뜻하는 '임야'입니다. '아주 늦은 밤.'이라는 뜻의 '심야'에는 '夜(밤 야)'가 쓰였습니다.

Day 18

57쪽

1 동산, 원 2 원예 3 (1) 전원 (2) 과수원 4 ②

도움말 4 '園'이 쓰인 한자 어휘는 '집 뒤에 있는 정원이나 작은 동산.'을 뜻하는 '후원'입니다. '일정 기간 병원에 머물며 치료를 받던 환자가 병원에서 나옴.'을 뜻하는 '퇴원'에는 '院(집 원)'이 쓰였습니다.

Day 19

59쪽

1 꽃부리, 영 2 (1) 영특 (2) 영웅 3 영재 4 ①

도움말 4 '英'이 쓰인 한자 어휘는 '매우 영특하고 민첩함.'을 뜻하는 '영민'입니다. '오는 사람을 기쁘고 반갑게 맞이함.'을 뜻하는 '환영'에는 '迎(맞을 영)'이 쓰였습니다.

Day 20

61쪽

1 뜰, 정 2 ② 3 ② 4 ①

도움말 4 '가정'처럼 '庭(뜰 정)'이 쓰인 것은 '결혼한 여자의 부모, 형제 등이 살고 있는 집.'을 뜻하는 '친정'입니다. '친구 사이의 정.'을 뜻하는 '우정'에는 '情(뜻 정)'이 쓰였습니다.

다지기

62~63쪽

1 (1) 들 야 (2) 뿔 각 (3) 꽃부리 영 (4) 뜰 정 (5) 동산 원 2 (1) 각축 (2) 전원 (3) 시야
3 (1) 화원 (2) 직각 (3) 교정 (4) 야산 4 영 5 야영장, 야생

도움말 5 '野'가 쓰인 한자 어휘는 '천막을 치고 훈련이나 휴양을 할 수 있도록 만들어 놓은 야외의 장소.'를 뜻하는 '야영장'과 '산이나 들에서 저절로 나서 자람, 또는 그런 동물이나 식물.'을 뜻하는 '야생'입니다. '어두운 곳에서 빛을 냄, 또는 그런 물건.'을 뜻하는 '야광'에는 '夜(밤 야)'가 쓰였습니다.

Day 21

67쪽

1 글월, 문   2 (1) 문맹 (2) 문맥   3 문구   4 ①

도움말 4 '文'이 쓰인 한자 어휘는 '말의 소리, 단어, 문장 등을 쓰는 일정한 규칙, 또는 그것을 연구하는 학문.'을 뜻하는 '문법'입니다. '웃어른께 안부를 여쭙고 인사를 드리는 일.'을 뜻하는 '문안'에는 '問(물을 문)'이 쓰였습니다.

Day 22

69쪽

1 글자, 자   2 (1) - ⓒ, (2) - ⊙   3 오자   4 ①

도움말 4 '字'가 쓰인 한자 어휘는 '한자 네 자로 이루어져 관용적으로 쓰이는 말.'을 뜻하는 '사자성어'와 '글자를 한 자도 모를 정도로 무식함, 또는 그런 사람.'을 뜻하는 '일자무식'입니다. '자화자찬'에는 '自(스스로 자)'가 두 번 쓰였습니다.

Day 23

71쪽

1 말씀, 언   2 ①   3 (1) 유언 (2) 선언   4 ①

도움말 2 '조언'은 '도움이 되도록 말로 거들거나 깨우쳐 줌, 또는 그런 말.'을 뜻하므로 ①에 들어가는 것이 알맞습니다.
4 '언쟁'은 '자기가 옳다고 말로 다투는 일.'을 뜻하므로 범준이가 바르게 말했습니다.

Day 24

73쪽

1 말씀, 어   2 (1) 어조 (2) 용어   3 어원   4 ①

도움말 4 '語'가 쓰인 한자 어휘는 '말에 드러나는 기분이나 말을 하는 버릇.'을 뜻하는 '어투'입니다. '고기 잡이를 하는 배.'를 뜻하는 '어선'에는 '漁(고기 잡을 어)'가 쓰였습니다.

Day 25

75쪽

1 글, 장   2 (1) 악장 (2) 문장   3 완장   4 ③

도움말 4 '章'이 쓰인 한자 어휘는 '군인이나 경찰의 제복의 어깨에 붙여 직위나 계급을 표시하는 장식.'을 뜻하는 '견장'입니다. '개장'에는 '場(마당 장)'이 쓰였고, '성장'에는 '長(긴 장)'이 쓰였습니다.

다지기

76~77쪽

1 (1) 말씀 어 (2) 글자 자 (3) 글월 문 (4) 글 장 (5) 말씀 언   2 ① 어조 ② 완장 ③ 점자 ④ 문맹
3 ③   4 (1) 유언 (2) 문구 (3) 어원 (4) 어휘   5 문집, 문법

도움말 3 ③의 '발언'은 '말을 하여 의견을 나타냄, 또는 그 말.'이라는 뜻이므로 문장에 어울리지 않습니다.
5 '文'이 쓰인 한자 어휘는 '시나 소설 등의 글을 모아서 엮은 책.'을 뜻하는 '문집'과 '말의 소리, 단어, 문장 등을 쓰는 일정한 규칙, 또는 그것을 연구하는 학문.'을 뜻하는 '문법'입니다. '모르는 것이나 알고 싶은 것을 물음.'을 뜻하는 '질문'에는 '問(물을 문)'이 쓰였습니다.

Day 26

81쪽

1 노래, 가	2 (1) 가요 (2) 교가	3 가사	4 ①

도움말 4 '歌'가 쓰인 한자 어휘는 '노래를 부름.'을 뜻하는 '가창'입니다. '집 안에서 쓰이는 침대, 옷장, 식탁 등과 같은 도구.'를 뜻하는 '가구'에는 '家(집 가)'가 쓰였습니다.

Day 27

83쪽

1 농사, 농	2 (1) - ⓒ, (2) - ⑦	3 (1) 농번기 (2) 농산물	4 ②

도움말 4 '農'이 쓰인 한자 어휘는 '농사일이 바쁘지 않아서 시간적인 여유가 많은 시기.'를 뜻하는 '농한기' 입니다. '농한기'는 '농번기'의 반대말입니다. '기체나 액체에 들어 있는 한 성분의 진함과 묽음의 정도.'를 뜻하는 '농도'에는 '濃(짙을 농)'이 쓰였습니다.

Day 28

85쪽

1 심을, 식	2 식민지	3 (1) 이식 (2) 식목일	4 심는

도움말 4 '식수'에 쓰인 '植'은 '심다'라는 뜻이므로, '식수'의 뜻은 '나무를 심는 것.'입니다.

Day 29

87쪽

1 기다릴, 대	2 초대	3 (1) 기다림 (2) 대하거나	4 ②

도움말 4 '待'가 쓰인 한자 어휘는 '공공 교통수단을 이용하는 손님들이 기다리면서 쉴 수 있는 장소.'를 뜻 하는 '대합실'입니다. '한 무리나 집단의 우두머리.'를 뜻하는 '대장'에는 '大(큰 대)'가 쓰였습니다.

Day 30

89쪽

1 통할, 통	2 (1) - ⑦, (2) - ⓒ	3 통학	4 ②

도움말 4 '通'이 쓰인 한자 어휘는 '바람이 통함, 또는 바람이 통하게 함.'을 뜻하는 '통풍'입니다. '아픈 증 세.'를 뜻하는 '통증'에는 '痛(아플 통)'이 쓰였습니다.

다지기

90~91쪽

1 (1) 노래 가 (2) 통할 통 (3) 심을 식 (4) 기다릴 대 (5) 농사 농　　2 ① 교가 ② 통학 ③ 대우 ④ 식민지　　3 통　　4 (1) 대피 (2) 농번기 (3) 이식　　5 응원가

도움말 5 '歌'가 쓰인 한자 어휘는 '운동 경기 등에서, 선수들을 격려하기 위해 부르는 노래.'를 뜻하는 '응 원가'입니다. '주로 한집에 모여 살고 결혼이나 부모, 자식, 형제 등의 관계로 이루어진 사람들의 집단, 또는 그 구성원.'을 뜻하는 '가족'과 '일정한 땅과 거기에 사는 사람들로 구성되고, 주권에 의한 하나의 통치 조직을 이루는 집단.'을 뜻하는 '국가'에는 '家(집 가)'가 쓰였습니다.

Day 31

95쪽

1 부을, 주   2 주의   3 (1) - ㉡, (2) - ㉠   4 ②

도움말 4 '注'가 쓰인 한자 어휘는 '사람이나 동물의 몸에 액체로 된 약물을 넣는 데 쓰는 기구.'를 뜻하는 '주사기'입니다. '대상이나 물건을 자기의 것으로 가진 사람.'을 뜻하는 '주인'에는 '主(주인 주)'가 쓰였습니다.

Day 32

97쪽

1 필, 발   2 (1) 발생 (2) 발사   3 ①   4 ③

도움말 4 '發'이 쓰인 한자 어휘는 '백 번 쏘아 백 번 맞힌다는 뜻으로, 총이나 활 등을 쏠 때마다 원하는 곳에 다 맞음을 이르는 말.'인 '백발백중'입니다. '선발'과 '기발'에는 '拔(뽑을 발)'이 쓰였습니다.

Day 33

99쪽

1 나타날, 현   2 ②   3 (1) 현재 (2) 나타남   4 ①

도움말 2 ②의 '출현'은 '없었거나 숨겨져 있던 것이 나타남.'을 뜻하므로 문장에 어울리지 않습니다.
4 '현장'처럼 '現(나타날 현)'이 쓰인 것은 '현재 나타나 보이는 상태.'를 뜻하는 '현상'입니다. '마음이 너그럽고 슬기로우며 일의 이치에 밝음.'을 뜻하는 '현명'에는 '賢(어질 현)'이 쓰였습니다.

Day 34

101쪽

1 사라질, 소   2 (1) 소독 (2) 소비   3 소멸   4 ①

도움말 4 '소등'은 '공공장소나 건물 등의 등불을 끔.'을 뜻하므로 영규가 바르게 말했습니다.

Day 35

103쪽

1 옮길, 운   2 (1) 운행 (2) 운영   3 (1) 운반 (2) 불운   4 ③

도움말 4 '運'이 쓰인 한자 어휘는 '좋은 운수, 또는 행복한 운수.'를 뜻하는 '행운'과 '기계나 자동차 등을 움직여 부림.'을 뜻하는 '운전'입니다. '행운'은 '불운'의 반대말입니다. '운집'에는 '雲(구름 운)'이 쓰였습니다.

다지기

104~105쪽

1 (1) 필 발 (2) 옮길 운 (3) 나타날 현 (4) 사라질 소 (5) 부을 주   2 (1) 만발 (2) 운반 (3) 소독
3 (1) - ㉠, (2) - ㉣, (3) - ㉢, (4) - ㉡   4 (1) 소비 (2) 주유 (3) 운행   5 ①, ③

도움말 5 '發'이 쓰인 한자 어휘는 '불이 일어나 타기 시작함.'을 뜻하는 '발화'와 '백 번 쏘아 백 번 맞힌다는 뜻으로, 총이나 활 등을 쏠 때마다 원하는 곳에 다 맞음을 이르는 말.'인 '백발백중'입니다. '진짜 머리카락처럼 만들어 머리에 쓰거나 붙이는 가짜 머리카락.'을 뜻하는 '가발'에는 '髮(터럭 발)'이 쓰였습니다.

Day 36

109쪽

1 가까울, 근 **2** 근방 **3** (1) 근황 (2) 친근감 **4** ②

도움말 **4** '近'이 쓰인 한자 어휘는 '도시에 가까운 변두리 지역.'을 뜻하는 '근교'입니다. '직장에서 맡은 일을 하는 것, 또는 그런 일.'을 뜻하는 '근무'에는 '勤(부지런할 근)'이 쓰였습니다.

Day 37

111쪽

1 멀, 원 **2** ①, ③ **3** (1) 원거리 (2) 원격 **4** ②

도움말 **4** '遠'이 쓰인 한자 어휘는 '눈이 가까이 있는 글씨나 물체를 잘 볼 수 없는 상태.'를 뜻하는 '원시'입니다. '어떤 단체에 속한 사람.'을 뜻하는 '단원'에는 '員(인원 원)'이 쓰였습니다.

Day 38

113쪽

1 이길, 승 **2** ③ **3** ③ **4** ②

도움말 **2** ①의 '승점'은 '운동 경기 등에서 이기고 짐에 따라 계산하여 받는 점수.'를 뜻하고, ②의 '완승'은 '완전하게 이김.'을 뜻하므로 문장에 어울리지 않습니다.
4 '승점'처럼 '勝(이길 승)'이 쓰인 것은 '경기, 싸움, 전투 등에서 계속 이김.'을 뜻하는 '연승'입니다. '비행기나 배, 차 등에 올라탐.'을 뜻하는 '탑승'에는 '乘(탈 승)'이 쓰였습니다.

Day 39

115쪽

1 다를, 별 **2** (1) 결별 (2) 차별 **3** 판별 **4** 다름

도움말 **4** '천차만별'에 쓰인 '別'은 '다르다'라는 뜻이므로, '천차만별'은 '여러 가지 사물이 모두 다름.'을 뜻합니다.

Day 40

117쪽

1 길, 영 **2** 영원 **3** (1) 영생 (2) 영구 **4** ①

도움말 **4** '永'이 쓰인 한자 어휘는 '영원히 계속함.'을 뜻하는 '영속'입니다. '영업'에는 '榮(경영할 영)'이 쓰였고, '영향'에는 '影(그림자 영)'이 쓰였습니다.

다지기

118~119쪽

1 (1) 멀 원 (2) 가까울 근 (3) 이길 승 (4) 다를 별 (5) 길 영 **2** ❶ 원거리 ❷ 승점 ❸ 원격 ❹ 승리 **3** (1) 영구 (2) 판별 (3) 친근감 **4** ③ **5** 근처

도움말 **4** ③의 '별개'는 '관련성이 없이 서로 다름.'을 뜻하므로 문장에 어울리지 않습니다.
5 '近'이 쓰인 한자 어휘는 '어떤 장소나 물건, 사람을 중심으로 하여 가까운 곳.'을 뜻하는 '근처'입니다. '정해진 시간에 육체적인 일이나 정신적인 일을 하고 돈을 받는 사람.'을 뜻하는 '근로자'에는 '勤(부지런할 근)'이 쓰였고, '나쁜 것을 완전히 없앰.'을 뜻하는 '근절'에는 '根(뿌리 근)'이 쓰였습니다.

Day 41
123쪽

1 공, 구   **2** 구기   **3** (1) 공 (2) 단체   **4** ②

> [도움말] **4** '球'가 쓰인 한자 어휘는 '눈의 구멍 안에 있는 동그란 모양의 기관.'을 뜻하는 '안구'입니다. '출구'에는 'ロ(입 구)'가 쓰였고, '도구'에는 '具(갖출 구)'가 쓰였습니다.

Day 42
125쪽

1 그림, 도   **2** ③   **3** (1) 도면 (2) 도감 (3) 의도   **4** ①

> [도움말] **2** '도표'는 '여러 가지 자료를 분석하여 그 관계를 그림으로 나타낸 표.'를 뜻하므로 ③에 들어가는 것이 알맞습니다.
> **4** '圖'가 쓰인 한자 어휘는 '그림에서 모양, 색깔, 위치 등의 짜임새.'를 뜻하는 '구도'입니다. '사람이 마땅히 지켜야 할 바른 마음가짐이나 몸가짐.'을 뜻하는 '도리'에는 '道(길 도)'가 쓰였습니다.

Day 43
127쪽

1 그림, 화   **2** 획순   **3** (1) 화풍 (2) 명화   **4** 그림

> [도움말] **4** '화집'에 쓰인 '畫'는 '그림'이라는 뜻이므로, '화집'은 '그림을 모아 엮은 책.'을 뜻합니다.

Day 44
129쪽

1 쌀, 미   **2** (1) 미음 (2) 정미소   **3** (1) - ㉠, (2) - ㉡   **4** ②

> [도움말] **4** '정미소'처럼 '米(쌀 미)'가 쓰인 것은 '부처에게 바치는 쌀.'을 뜻하는 '공양미'입니다. '특별히 좋은 맛, 또는 그런 맛을 가진 음식.'을 뜻하는 '별미'에는 '味(맛 미)'가 쓰였습니다.

Day 45
131쪽

1 약, 약   **2** 약효   **3** (1) 제약 (2) 상비약   **4** ②

> [도움말] **4** '藥'이 쓰인 한자 어휘는 '좋은 약은 입에 씀.'을 뜻하는 '양약고구'와 '마시거나 몸을 담그면 약의 효과가 있는 샘물.'을 뜻하는 '약수'입니다. '약점'에는 '弱(약할 약)'이 쓰였습니다.

다지기
132~133쪽

1 (1) 그림 화 (2) 공 구 (3) 그림 도 (4) 약 약 (5) 쌀 미   **2** (1) 미음 (2) 구장 (3) 상비약
3 ① 구기 ② 약효 ③ 획순 ④ 정미소   **4** ③   **5** 구도, 의도

> [도움말] **4** ①의 '제약'은 '약을 만듦.'을 뜻하고, ②의 '화풍'은 '그림을 그리는 방식이나 양식.'을 뜻하므로 문장에 어울리지 않습니다.
> **5** '圖'가 쓰인 한자 어휘는 '그림에서 모양, 색깔, 위치 등의 짜임새.'를 뜻하는 '구도'와 '무엇을 하고자 하는 생각이나 계획.'을 뜻하는 '의도'입니다. '가치 있는 것이나 목표한 것을 얻기 위해 어려움에 맞섬.'을 뜻하는 '도전'에는 '挑(돋울 도)'가 쓰였습니다.

Day 46

137쪽

1 떼, 부   2 부류   3 (1) 부문 (2) 부족   4 ②

도움말 4 '部'가 쓰인 한자 어휘는 '한 부분, 또는 전체를 여럿으로 나눈 얼마.'를 뜻하는 '일부'입니다. '살림이 넉넉할 정도로 재산이 많은 사람.'을 뜻하는 '부자'에는 '富(부유할 부)'가 쓰였습니다.

Day 47

139쪽

1 도읍, 도   2 (1) 도합 (2) 도심   3 (1) 모두 (2) 많은   4 ①

도움말 4 '都'가 쓰인 한자 어휘는 '성으로 이루어진 한 나라의 수도. 서울.'을 뜻하는 '도성'입니다. '도둑을 맞음.'을 뜻하는 '도난'에는 '盜(도둑 도)'가 쓰였습니다.

Day 48

141쪽

1 구분할, 구   2 구역   3 ①   4 ②

도움말 4 '區'가 쓰인 한자 어휘는 '일정한 기준에 따라 여럿으로 나눈 땅의 한 구역.'을 뜻하는 '지구'입니다. '고장 나거나 파괴된 것을 이전의 상태로 되돌림.'을 뜻하는 '복구'에는 '舊(예 구)'가 쓰였습니다.

Day 49

143쪽

1 법칙, 칙   2 (1) - ⓒ, (2) - ⓐ   3 (1) 어김 (2) 규칙   4 ①

도움말 4 '원칙'은 '어떤 행동이나 이론 등에서 일관되게 지켜야 하는 기본적인 규칙이나 법칙.'을 뜻하므로 세미가 바르게 말했습니다.

Day 50

145쪽

1 한나라, 한   2 (1) 한강 (2) 한양   3 (1) 한문 (2) 한자   4 ②

도움말 4 '漢'이 쓰인 한자 어휘는 '한문을 연구하는 학문.'을 뜻하는 '한학'입니다. '한기'에는 '寒(찰 한)'이 쓰였고, '한우'에는 '韓(한국 한)'이 쓰였습니다.

다지기

146~147쪽

1 (1) 법칙 칙 (2) 구분할 구 (3) 한나라 한 (4) 도읍 도 (5) 떼 부   2 ① 세부 ② 구역 ③ 반칙 ④ 한문   3 도   4 (1) 한자 (2) 교칙 (3) 구별   5 ②, ③

도움말 5 '部'가 쓰인 한자 어휘는 '한 부분, 또는 전체를 여럿으로 나눈 얼마.'를 뜻하는 '일부'와 '어떤 대상을 공통적인 성격에 따라 나눈 갈래.'를 뜻하는 '부류'입니다. '몸에 상처를 입음.'을 뜻하는 '부상'에는 '負(질 부)'가 쓰였습니다.

한자 음으로 찾아보기

한자
쓰기

필순에 맞춰 멋지게 써 보자!

한자를 쓰는 순서, 필순을 알면 쉬워요

한자의 필순(筆順)이란 한자를 쓰는 순서를 말해요. 필순을 지켜서 한자를 쓰면 쓰기도 편하고 모양도 아름답습니다. 다음은 한자의 기본적인 필순 규칙이에요. 이를 모두 외울 필요는 없습니다. 가볍게 살펴보고 시작하세요. 각 한자마다 제시된 획순에 맞게 쓰다 보면 자연스럽게 익혀집니다.

1. 위쪽에 있는 획부터 쓴다.

2. 왼쪽에 있는 획부터 쓴다.

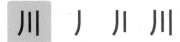

3. 가로획과 세로획이 만날 경우 가로획을 먼저 쓴다.

4. 좌우 모양이 같을 때는 가운데를 먼저 쓰고, 왼쪽 오른쪽의 순서로 쓴다.

5. 바깥 둘레가 있는 글자는 바깥을 먼저 쓰고 안을 나중에 쓴다.

6. 삐침(ノ)과 파임(乀)이 만날 때에는 삐침 먼저 쓴다.

7. 가운데를 꿰뚫는 획은 나중에 쓴다.

8. 'ⅰ'은 맨 마지막에 쓴다.

▶ 한자의 훈과 음을 소리 내며 한자를 쓰세요.

1　아이 동

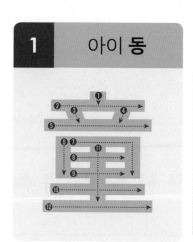

童 童 童 童 童 童 童 童 童 童 童 童

童	童	童		

2　무리 등

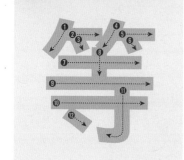

等 等 等 等 等 等 等 等 等 等 等 等

等	等	等		

3　아름다울 미

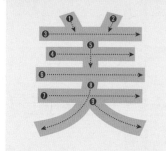

美 美 美 美 美 美 美 美 美

美	美	美		

4	병 **병**	病 病 病 病 病 病 病 病 病 病

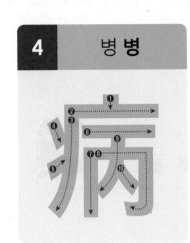

病	病	病		

5	의원 **의**	醫 醫 醫 醫 醫 醫 醫 醫 醫 醫 醫 醫 醫 醫 醫 醫 醫 醫

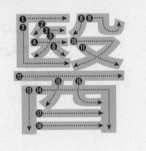

醫	醫	醫		

정복 어휘!

다음 한자의 훈과 음을 쓰고, 그 한자가 들어간 한자 어휘를 두 개 이상 써 보세요.

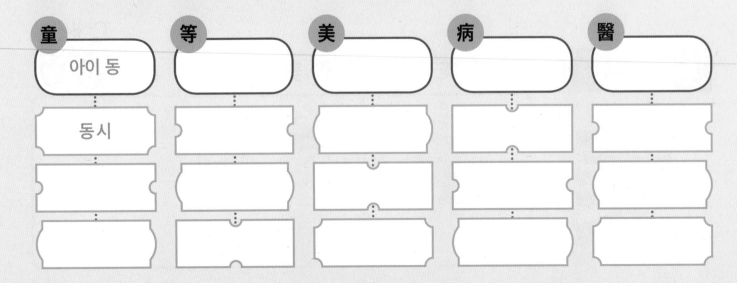

童	**等**	**美**	**病**	**醫**
아이 동				
동시				

▶ 한자의 훈과 음을 소리 내며 한자를 쓰세요.

6	귀신 **신**

神 神 神 神 神 神 神 神 神 神

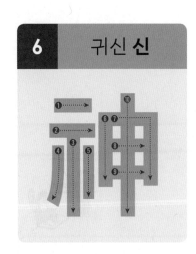

神	神	神		

7	싸움 **전**

戰 戰 戰 戰 戰 戰 戰 戰 戰 戰 戰 戰 戰 戰 戰 戰

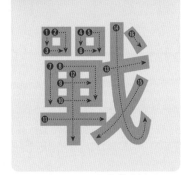

戰	戰	戰		

8	이름 **호**

號 號 號 號 號 號 號 號 號 號 號 號 號

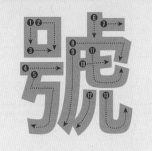

號	號	號		

| 9 | 생각할 **고** | 考 考 考 考 考 考 |

| 10 | 알 **지** | 知 知 知 知 知 知 知 知 |

다음 한자의 훈과 음을 쓰고, 그 한자가 들어간 한자 어휘를 두 개 이상 써 보세요.

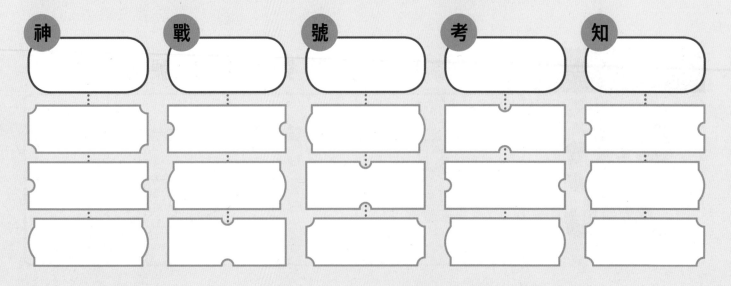

神 戰 號 考 知

▶ 한자의 훈과 음을 소리 내며 한자를 쓰세요.

11 말미암을 **유**					

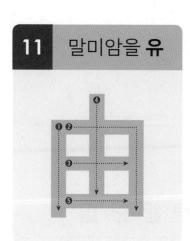

12 근본 **본**					

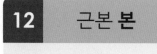

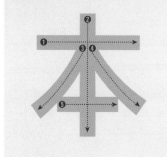

13 죽을 **사**					

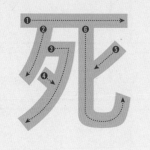

14 기름**유**

油油油油油油油油

15 은**은**

銀 銀 銀 銀 銀 銀 銀 銀 銀 銀 銀 銀 銀 銀

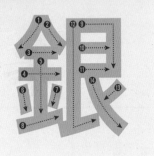

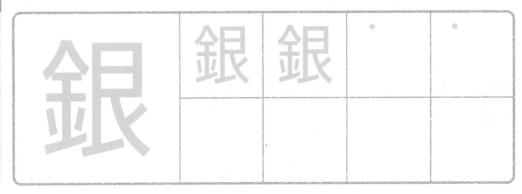

 정복 어휘!

다음 한자의 훈과 음을 쓰고, 그 한자가 들어간 한자 어휘를 두 개 이상 써 보세요.

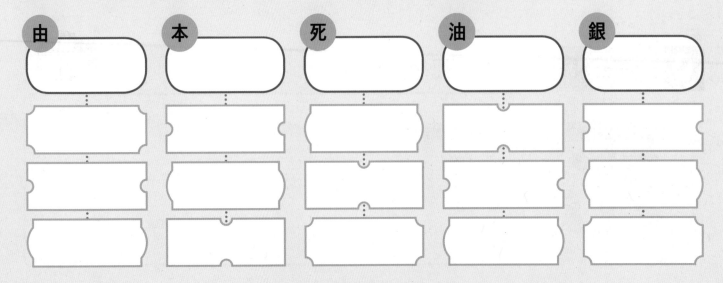

由　　本　　死　　油　　銀

▶ 한자의 훈과 음을 소리 내며 한자를 쓰세요.

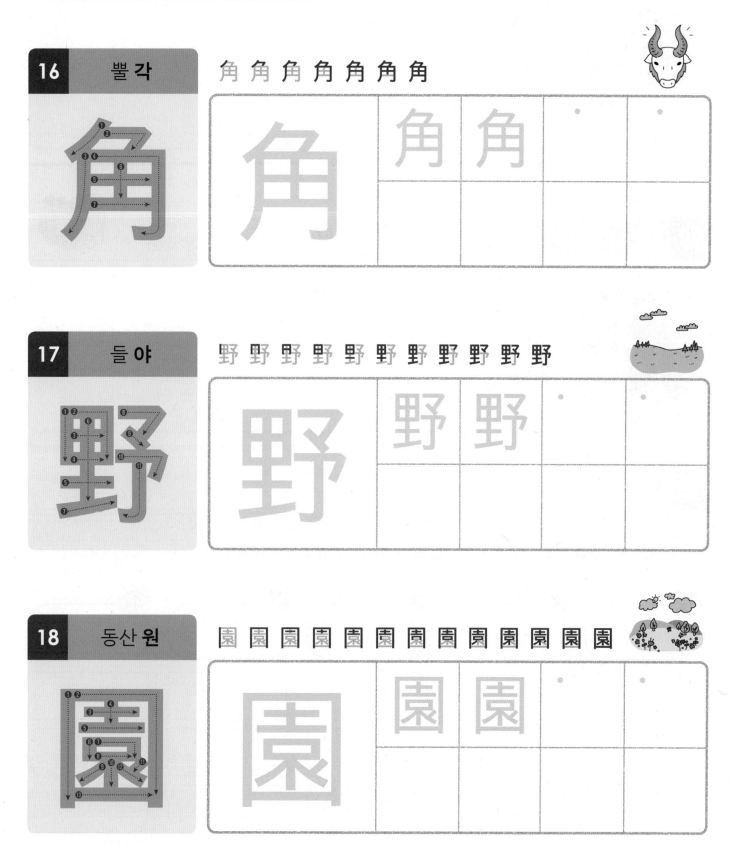

16 뿔 각

角 角 角 角 角 角 角

17 들 야

野 野 野 野 野 野 野 野 野 野 野

18 동산 원

園 園 園 園 園 園 園 園 園 園 園 園 園

| 19 | 꽃부리 **영** | 英 英 英 英 英 英 英 英 英 |

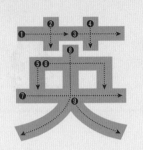

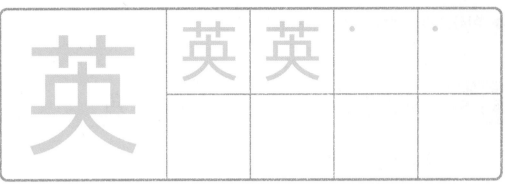

| 20 | 뜰 **정** | 庭 庭 庭 庭 庭 庭 庭 庭 庭 庭 |

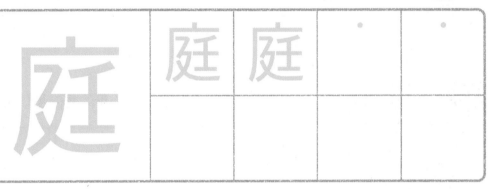

다음 한자의 훈과 음을 쓰고, 그 한자가 들어간 한자 어휘를 두 개 이상 써 보세요.

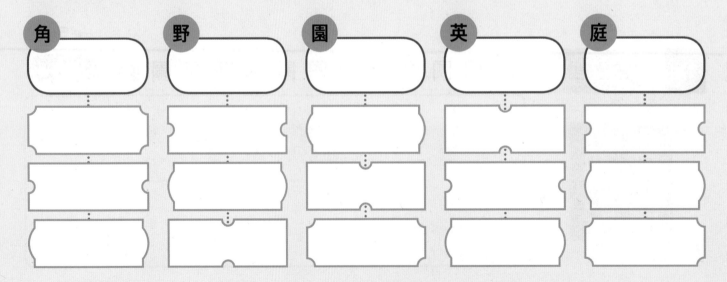

▶ 한자의 훈과 음을 소리 내며 한자를 쓰세요.

21	글월 문

文 文 文 文

22	글자 자

字 字 字 字 字 字

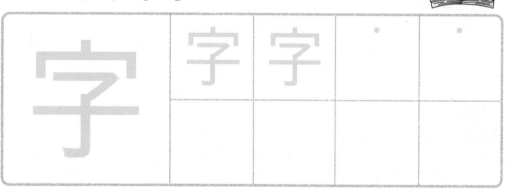

23	말씀 언

言 言 言 言 言 言 言

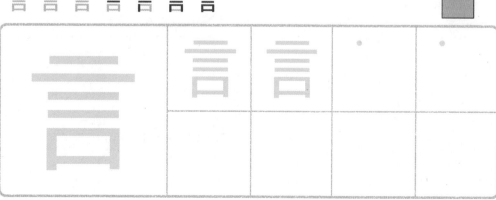

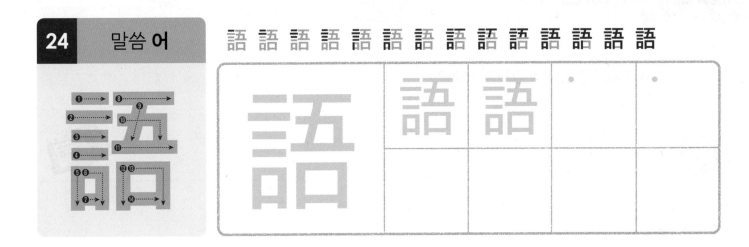

24 말씀 어

語 語 語 語 語 語 語 語 語 語 語 語 語 語

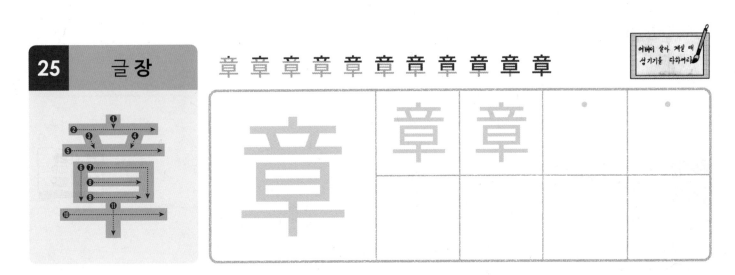

25 글 장

章 章 章 章 章 章 章 章 章 章 章

어버이 살아 계실 때
섬기기를 다하여라

다음 한자의 훈과 음을 쓰고, 그 한자가 들어간 한자 어휘를 두 개 이상 써 보세요.

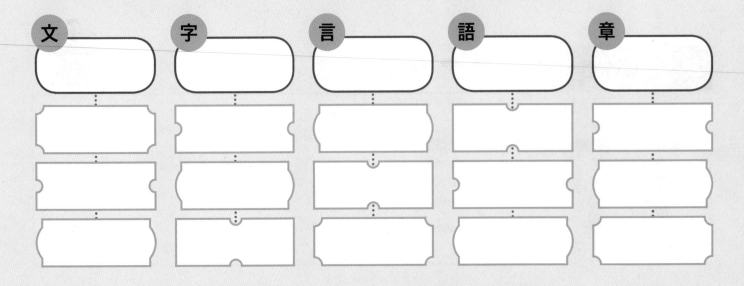

| 文 | 字 | 言 | 語 | 章 |

▶ 한자의 훈과 음을 소리 내며 한자를 쓰세요.

26　노래 **가**

歌 歌 歌 歌 歌 歌 歌 歌 歌 歌 歌 歌 歌 歌

歌	歌	歌	·	·

27　농사 **농**

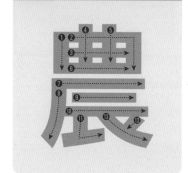

農 農 農 農 農 農 農 農 農 農 農 農 農

農	農	農	·	·

28　심을 **식**

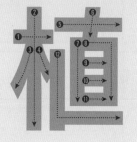

植 植 植 植 植 植 植 植 植 植 植 植

植	植	植	·	·

29 기다릴 대

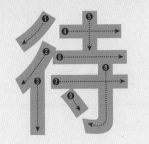

待 待 待 待 待 待 待 待 待

30 통할 통

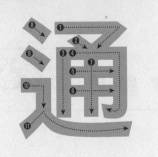

通 通 通 通 通 通 通 通 通 通 通

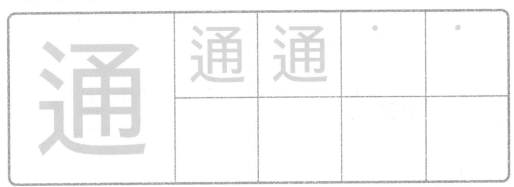

 정복 어휘!

다음 한자의 훈과 음을 쓰고, 그 한자가 들어간 한자 어휘를 두 개 이상 써 보세요.

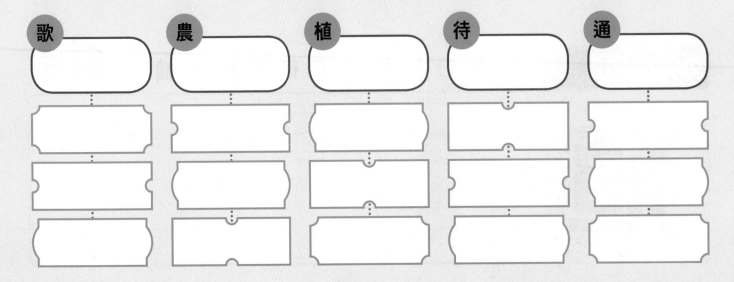

歌   農   植   待   通

▶ 한자의 훈과 음을 소리 내며 한자를 쓰세요.

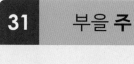 31 부을 **주**

注注注注注注注注

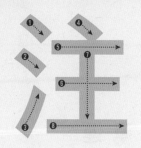 注 | 注 | 注 | | |

 32 필 **발**

發發發發發發發發發發發發

  發 | 發 | 發 | | |

33 나타날 **현**

現現現現現現現現現現現

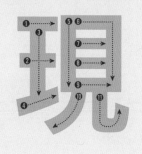 現 | 現 | 現 | | |

34 사라질 **소**

消消消消消消消消消消

消

消	消	·	·

35 옮길 **운**

運運運運運運運運運運運運運

運

運	運	·	·

다음 한자의 훈과 음을 쓰고, 그 한자가 들어간 한자 어휘를 두 개 이상 써 보세요.

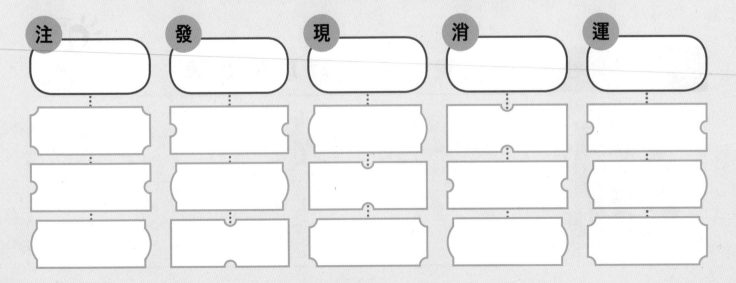

注　　發　　現　　消　　運

▶ 한자의 훈과 음을 소리 내며 한자를 쓰세요.

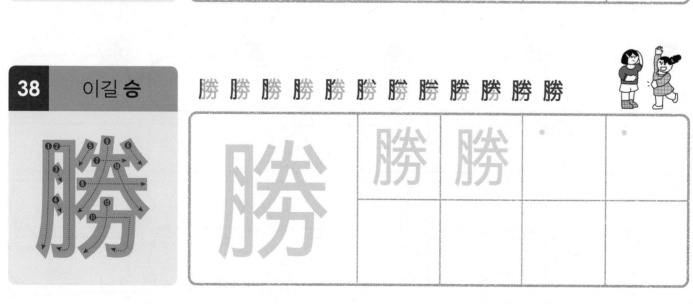

36	가까울 근

近 近 近 近 近 近 近 近

近	近	近		

37	멀 원

遠 遠 遠 遠 遠 遠 遠 遠 遠 遠 遠 遠 遠 遠

遠	遠	遠		

38	이길 승

勝 勝 勝 勝 勝 勝 勝 勝 勝 勝 勝 勝

勝	勝	勝		

39	다를 별

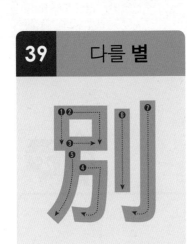

別	別	別	·	·

40	길 영

永 永 永 永 永

永	永	永	·	·

다음 한자의 훈과 음을 쓰고, 그 한자가 들어간 한자 어휘를 두 개 이상 써 보세요.

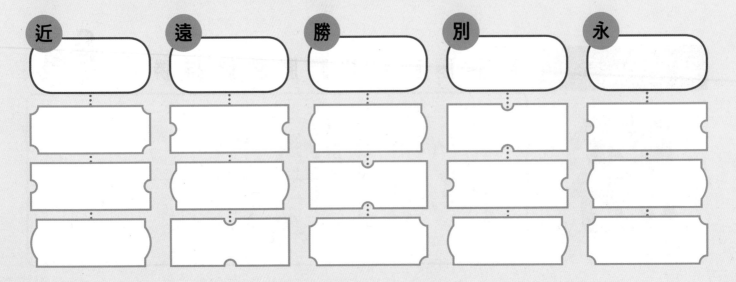

▶ 한자의 훈과 음을 소리 내며 한자를 쓰세요.

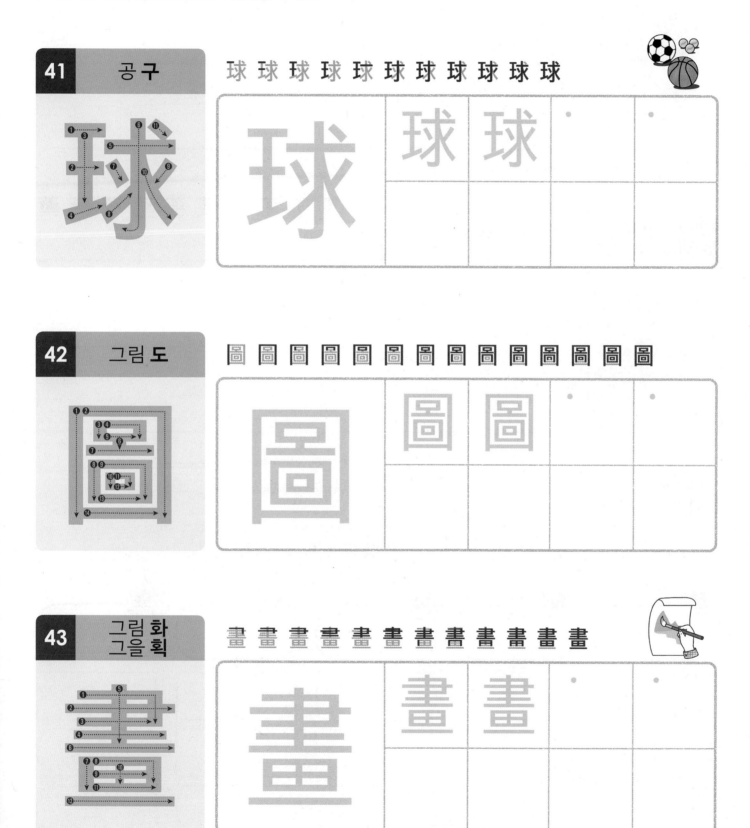

41	공 구

球 球 球 球 球 球 球 球 球 球 球

42	그림 도

圖 圖 圖 圖 圖 圖 圖 圖 圖 圖 圖 圖 圖 圖

43	그림 화 그을 획

畫 畫 畫 畫 畫 畫 畫 畫 畫 畫 畫 畫 畫

44 쌀 미

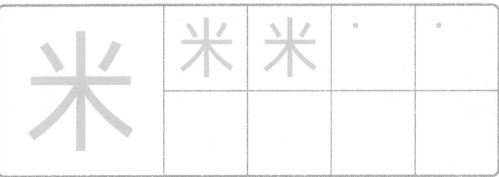

45 약 **약**

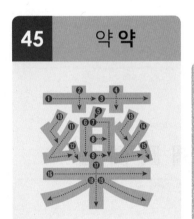

藥藥藥藥藥藥藥藥藥藥藥藥藥藥藥藥
藥藥藥

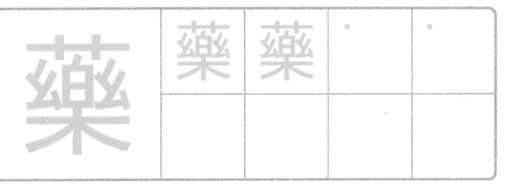

다음 한자의 훈과 음을 쓰고, 그 한자가 들어간 한자 어휘를 두 개 이상 써 보세요.

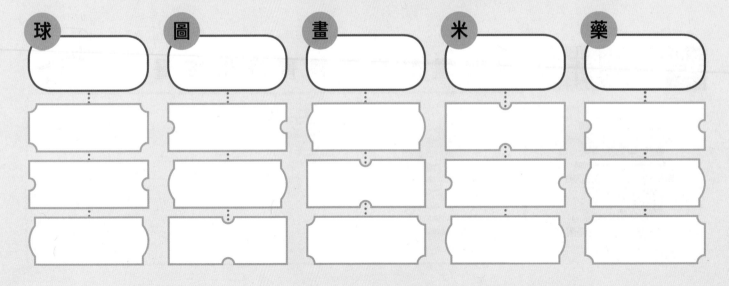

球 　 圖 　 畫 　 米 　 藥

▶ 한자의 훈과 음을 소리 내며 한자를 쓰세요.

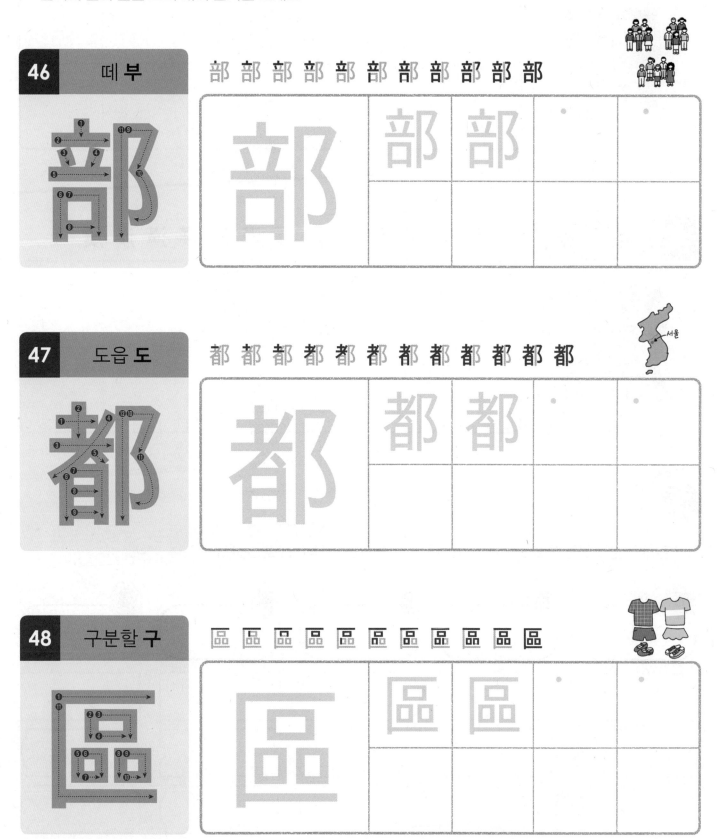

46 떼 **부**

部 部 部 部 部 部 部 部 部 部 部

部

47 도읍 **도**

都 都 都 都 都 都 都 都 都 都 都 都

都

48 구분할 **구**

區 區 區 區 區 區 區 區 區 區 區 區

區

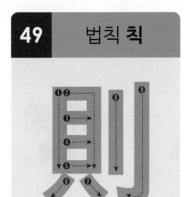

49 법칙 **칙**

則 則 則 則 則 則 則 則 則

50 한나라 **한**

漢 漢 漢 漢 漢 漢 漢 漢 漢 漢 漢 漢 漢 漢

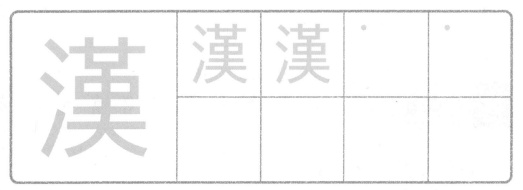

정복 어휘!

다음 한자의 훈과 음을 쓰고, 그 한자가 들어간 한자 어휘를 두 개 이상 써 보세요.

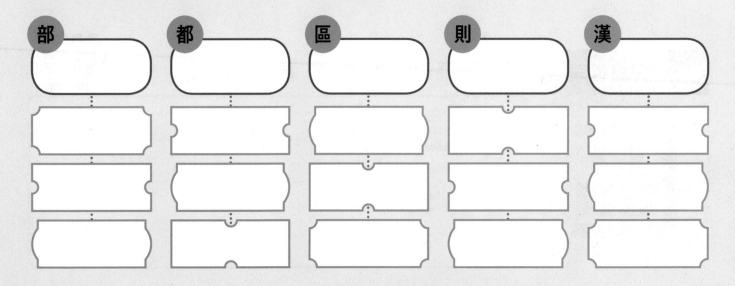

部　都　區　則　漢

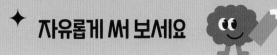

지은이 기적학습연구소

"혼자서 작은 산을 넘는 아이가 나중에 큰 산도 넘습니다"

본 연구소는 아이들이 혼자서 큰 산까지 넘을 수 있는 힘을 키워 주고자 합니다.
아이들의 연령에 맞게 학습의 산을 작게 만들어 혼자서도 쉽게 넘을 수 있게 만듭니다.
때로는 작은 고난도 경험하게 하여 성취감도 맛보게 합니다.
그리고 아이들에게 실제로 적용해서 검증을 통해 차근차근 책을 만들어 갑니다.
아이가 주인공인 기적학습연구소 [국어과]의 대표적 저작물은 〈기적의 독해력〉, 〈기적의 독서 논술〉,
〈4주 만에 완성하는 바른 글씨〉, 〈30일 완성 한글 총정리〉 등이 있습니다.

어휘를 정복하는 한자의 힘·6권

초판 발행 2023년 12월 18일
2쇄 발행 2024년 2월 14일

지은이 기적학습연구소
발행인 이종원
발행처 길벗스쿨
출판사 등록일 2006년 6월 16일
주소 서울시 마포구 월드컵로 10길 56(서교동 467-9)
대표 전화 02)332-0931   **팩스** 02)333-5409
홈페이지 www.gilbutschool.co.kr   **이메일** gilbut@gilbut.co.kr

기획 이경은(hey2892@gilbut.co.kr)   **편집 진행** 최지현, 박은숙, 유명희, 임소연
제작 이준호, 이진혁, 김우식   **영업마케팅** 문세연, 박다슬, 박선경   **웹마케팅** 박달님, 이재윤
영업관리 김명자, 정경화   **독자지원** 윤정아

디자인 퍼플페이퍼 정보라   **일러스트** 블루바바
전산 편집 린 기획   **인쇄 및 제본** 상지사피앤비

ISBN 979-11-6406-617-9(길벗스쿨 도서번호 10903)
정가 14,000원

독자의 1초를 아껴주는 정성 **길벗출판사** ....

길벗스쿨 국어학습서, 수학학습서, 유아콘텐츠유닛, 주니어어학1/2, 어린이교양1/2, 교과서, 길벗스쿨콘텐츠유닛
길벗 IT실용서, IT/일반 수험서, IT전문서, 어학단행본, 어학수험서, 경제실용서, 취미실용서, 건강실용서, 자녀교육서
더퀘스트 인문교양서, 비즈니스서